# 잃어버린 언어를 찾아서

죄 · 참회 · 구원에 관하여

바바라 브라운 테일러 지음 · 정다운 옮김

Speaking of Sin:
The Lost Language of Salvation

# 잃어버린 언어를 찾아서

죄 · 참회 · 구원에 관하여

바바라 브라운 테일러 지음 · 정다운 옮김

비아

# |차례|

**일러두기**

· 역자 주석의 경우 *표시를 해 두었습니다.

· 성서의 경우 「공동번역 개정판」(1999)을 사용하는 것을 원칙으로 했
  으나 원문과 지나치게 차이가 있을 경우 대한성서공회판 「새번역」
  (1999)을 참고해 다듬었음을 밝힙니다.

해리 버트만Harry Butman에게
존경과 애정을 담아

이 책의 씨앗은 1999년 가을에 뿌려졌다. 그해 가을 워싱턴 D.C.에 있는 프리처 신학교 학장인 에리카 우드Erica Wood가 워싱턴 내셔널 대성당에서 열리는 연례 헤이스팅스 강연Hastings Lecture의 강연자로 나를 초청했다. 당시 나는 자기변호에 능한 현시대에 참회를 설교하는 일에 관해 강연했고 그 강연이 이 책의 단초가 되었다. 강연할 기회를 준 에리카와 동료 셸라흐 케이시 브라운Shelagh Casey Brown에게, 또 신학교와의 행복한 교류에, 그 여정에 감사를 전한다.

이듬해 봄 나는 노스캐롤라이나에 있는 바턴 칼리지의 스프링클 강연Sprinkle Lecture에서 강의할 기회를 얻었다. 종교·철학과 학장이었던 콜먼 마컴Coleman Markham의 초청 덕에 워싱턴에서 했던 하나의 강연은 세 개로 확장되었다. 심약한 사람이라면 겁을 집어먹을 만큼 불편한 제목의 책을 출간하도록 허락해 준 그의 용기와 환대에 감사한다.

회복적 정의를 소개해 준 루스 컬리Ruth Culley와 워싱턴

D.C.에 있는 세이비어 공동체 예배에 초대해 준 다이애나 체임버스Diana Chambers에게도 감사드린다. 피드몬트 칼리지 Piedmont College의 학장 레이 클리어Ray cleere에게도 감사를 전한 다. 그는 학교에서 책을 쓸 수 있도록 여건을 마련해 주었다. 또 내가 뜬구름 잡는 소리를 하지 않게, 현실에 대한 감각을 잃지 않도록 도와준 내 학생들에게도 감사하다고 말하고 싶 다. 특히 주디 바버Judy Barber와 비자야 칸달라Vijaya Kandala, 폴 듀크Paul Duke, 터커 스톤Tucker Stone, 하비브 바드르Habib Badr, 얼 브라운Earl Brown에게 감사를 전한다.

항상 그렇듯, 내 모든 감사말의 마침표가 되어 주는 남편 에디에게 고맙다고 말하고 싶다. 그는 일곱 번씩 일흔 번이 라도 나를 용서해 주었다. 내가 삶에서 새로 알게 된 무언가 가 있다면 그건 대부분 에디에게 배운 것이다.

바바라 브라운 테일러
조지아주 클락스빌에서
2000년 8월

# 들어가며

　여느 언어가 그렇듯 신앙의 언어는 그 언어를 말하는 이가 속한 삶의 정황에 따라 다른 울림을 낸다. 테네시에 있는 오순절 교회와 뉴욕에 있는 성공회 교회는 사용하는 어휘가 다르다. 교회가 있는 지역이 세속 분위기가 짙은 도시인지 그리스도교 분위기가 여전한 지방인지에 따라 같은 단어를 다르게 사용하기도 한다. '세례'baptism와 같은 기본적인 단어조차 그 언어를 어떤 교회에서 사용하느냐에 따라 다른 인상을 입는다. '세례'라는 말을 들었을 때 누군가는 세례단에서 하얀 가운을 입은 아이에게 성수를 뿌리는 모습을, 또 어떤 이들은 얕은 강에서 침례받는 모습을 떠올린다. 세례라는 말에서 물이 아닌 성령의 세례, 황홀경에 사로잡힌 채 방언을 말하는 사람을 연상하는 이들도 있다.

　여느 생명체가 그렇듯 종교 언어 역시 시간을 따라 흐르며 진화한다. 낡은 단어는 화석이 되고 새로운 단어가 태어나 새로운 현실에 새로운 이름을 준다. 이를테면 바울은 적어도 일곱 개의 서신에서 '할례'circumcision라는 단어를 반복해 언급하지만 오늘날 이 단어에 지대한 관심을 두는 이는 찾아보기 힘들다. 또한 바울은 '삼위일체'라는 말을 언급한 적이 없고, 그가 죽고도 수백 년이 흐르기까지 이 단어는 교회 안으로 들어오지 않았다. '가톨릭'이라는 말도 '프로테스탄트'라는 새로운 말이 출현하면서 수세기에 걸쳐 의미의 변화를 겪었다. '홀로코스트'라는 말은 아우슈비츠 이후 '신의 섭리'라는 표현에 무수한 질문을 불러일으키는, 악의 전형을 뜻하는 하나의 대명사가 되었다.*

　　20세기 종교 사전에는 과정신학process theology, 해방신학liberation theology, 여성신학feminist theology, 흑인여성신학womanist theology 등의 어휘가 추가되었고 과학과 신학, 심리학과 신학, 타종교와 그리스도교가 교류하면서 새로운 혼합 언어hybrid languages가 생겨났다. 언어가 폭발적으로 늘어나는 현상에 대한 교계의 반응은 물론 제각각이었다. 일부 교계 지도

---

* 홀로코스트Holocaust는 그리스어 홀로카우스톤ὁλόκαυστον에서 유래하며 본래는 고대 그리스에서 신에게 동물을 태워 신에게 제물로 바치는 것을 의미했다.

자는 이런 때일수록 더욱 뿌리로 되돌아가야 한다면서 고전적인 신앙 언어를 재발굴해 다음 세대에 그 언어를 전달하려 했다. 다른 부류는 낡은 언어들은 이미 기능을 잃었고, 특히 젊은 세대에게는 설득력이 없으며 새로운 시대에 드러난 새로운 계시는 새로운 옷을 입어야 한다고 주장했다. 이들은 심지어 그리스도교 전통의 중심에 자리한 '속죄'atonement, '구원'salvation과 같은 단어도 현세대가 매력을 느끼고 이해할 수 있게끔 새로이 수정되고 있다고 보았다.

언어를 사랑하는 이로서 수많은 단어가 그저 시간의 물결에 쓸려 사라지는 모습을 보는 건 견디기 힘든 일이다. 내 입술과 혀는 내가 태어나기도 전부터 있던, 그러나 이제는 사라진 언어들, 이를테면 윤당히Forsooth, 복축Bension, 체여하다Vouchsafe, 겁벌Perdition과 같은 말들을 그리워한다.

20여 년 전 나는 애디론댁 산맥에서 퀘이커 소녀들과 함께 여름을 보냈다. 아이들은 서로를 "야, 너" 대신 "그대"라고 부르곤 했다. "그대여, 오늘 저 연못으로 수영을 가는 게 어떨는지요?"라고 묻는 식이었다. 이토록 공손한, 예상치 못한 2인칭 대명사는 나를 잠시 멈춰 서게 했고, 나는 "그대"라 불리는 나 자신을 돌아보았다. 그때까지 나는 누군가가 나를 "그대"라고 부르는 소리를 들어보지 못했다. 그럼에도 그 생소한 호칭은 즉시 공손하고 경건한 마음을 불러일으켰고 이 내 나는 그 말에 익숙해졌다. 그러나 모든 예스러운 말이 이 같은 방식으로 작용하지는 않았다. 어린 시절 배운 엘리자베 스 시대 영어는 어렵기만 했다. 모든 동사 어미에 'eth'를 붙 여 나오는 소리를 들을 때면 멕시코에서 온 누군가가 카스티 야식 에스파냐어 발음을 들었을 때 느낄 법한 생경함을 느끼 곤 했다. 그 언어는 아름다웠지만 입술에는 와 닿지 않았다. 그 언어로는 생각할 수도, 꿈을 꿀 수도, 친구와 이야기를 나 눌 수도 없었다. 그 언어들이 내게 살아 있는 말이 되기 위해 서는 일종의 번역 과정을 거쳐야만 했다.

이 작은 책에서 나는 21세기 북미권에서 이제는 입에 쉽 게 올리지 않게 된 단어군을 다루려 한다. 목록 최상단에 는 '죄'sin라는 단어가 자리하고 있으며 '저주'damnation, '참 회'repentance, '보속'penance, '구원'salvation이 그 뒤를 잇는다. 이 제는 성서에서나 볼 수 있는 죄악iniquity이나 허물transgression 도 이 목록에 포함된다. 이런 단어를 소리 내어 읽어 볼 때면 아주 옛날, 하느님이 인간을 정죄하고 위협하는 분이라고 생 각하던 시대로 돌아가는 듯한 느낌이 든다. 이 단어들은 낡 은 느낌만큼이나 오래된 죄책감을 불러일으킨다. 단어의 의 미를 정확히는 몰라도 이 말들이 우리를 심판하고 있다는 것 정도는 안다. 이 말들은 우리를 불편하게 한다. 이 문제를 가장 깔끔하게 해결하는 방법은 모든 말을 아예 사용하지 않는 것이다. 이런 문제에 맞닥뜨렸을 때 우리는 여태껏 그래 왔다.

기도를 드리거나 대화를 나눌 때 이런 단어를 쓰는 사람들은 언제부턴가 점점 줄어들었다. 어떤 교회에서는 더는 이런 말을 쓰지 않는다. 예배 분위기를 내내 밝게 유지하기 위해 죄를 고백하는 순서를 삭제해 버린 교회도 있다. 하느님에 관해 이야기를 시작하자마자 우리는 곧바로 그분이 주시는 은총에 관한 이야기로 돌진한다. 이런 맥락에서 오늘날 가장 인기 있는 이야기는 탕자 이야기다. 이 이야기는 우리가 하느님에게서 얼마나 멀어졌든, 무슨 일을 했든 그분께서 언제나 우리를 환대해 주심을 여실히 보여 주기 때문이다. 예수가 양팔을 벌려 십자가에서 죽은 사건은 곧 그가 영원한 용서를 베푸신다는 의미다. 예수 그리스도의 이름으로 세례를 받은 사람은 모두 용서를 받았다. 그런데 왜 우리는 아직도 죄를 이야기해야 할까? 하느님께서는 이미 우리를 받아들인다고 약속하셨다. 그런데 왜 우리는 실패에 머무르려 하는 걸까?

이 질문에 내가 생각해 낼 수 있는 유일한 답은 그분께서

이 세상을 구원하시는 일을 '우리를 통해' 이루기로 계획하셨음을 믿기 때문이라는 것이다. 창세기에서도 우리는 복을 받기 위해서뿐 아니라 온 세상에 복이 되기 위해 선택받았다고 선언한다. 이 고결한 소명에 참여하기 위해 우리는 하느님께서 주시는 은총을 이해해야 한다. 이 은총은 그분께서 우리의 죗값을 영원히 탕감해 주시는 데서 멈추지 않는다. 이 세계를 구원하기 위해 하느님께서 하시는 일에 참여하고자 한다면 그분께서 주시는 은총이 새로운 생명이 담긴 선물임을, 그리고 이 지구에서 새로운 삶을 살 수 있는 참된 가능성임을 받아들여야 한다. 그분께서는 우리에게 새로운 시각을, 새로운 가치를, 새로이 행동할 수 있는 새로운 생명을 주고자 하신다.

온전함을 향한 이 거룩한 소명을 숙고할수록 나는 우리 대부분이 너무 쉽게 소망을 포기해 버렸다는 생각이 든다. 나 자신이, 또 이 지구에 사는 우리가 모두 새로운 삶을 살 수 있으리라는 소망 말이다. 온전한 삶으로의 부르심을 깊이 새기지 않은 채 그저 하느님께서 모든 죄를 용서하셨으니 우리가 할 일이 더는 없다고 곧바로 믿어 버리는 것은 그분이 우리가 돌이키기를 바라시고 이를 지지하며 기다리고 계신다고 믿는 것보다 훨씬 쉽고 편한 일이다. 그러나 무엇을 용서받아야 하는지, 어디서 돌이켜야 하는지도 모르는 채로 어떻게 용서받고 돌이킬 수 있을까?

죄와 관련된 언어를 폐기한다고 해서 죄가 사라지지는 않는다. 우리가 그것을 무엇이라 부르든 인류는 여전히 소외, 진실의 왜곡, 지옥 같은 현실, 죽음을 경험한다. 이를 가리키는 언어를 버릴 때 그 앞에서 우리는 그저 벙어리가 될 뿐이다. 무어라 부를지도 모르는 사태가 우리 삶에 일어날 때 우리가 할 수 있는 일이란, 그저 그 사태를 회피하는 것뿐이다. 그렇기에 아이러니하게도 죄의 언어가 사라지면 은총의 언어 또한 약해진다. 무엇을 용서받았는지 충분히 알지 못하면 그 용서가 우리 삶을 어떻게 변화시킬 수 있는지도 다 알 수 없기 때문이다.

탕자 이야기로 돌아가면, 탕자 역시 아버지의 환대를 받기 전에 먼저 자신을 '돌이켜야' 했다. 아들은 자신이 아버지에게 저지른 죄를 깨달았고 고백의 말을 준비했다. 그는 새로운 삶을 위해 전에 살던 방식에서 벗어났으며 집으로 돌아와 남은 일생을 참회하는 마음으로 살고자 했다. 아버지는 입맞춤으로 아들의 귀향을 기뻐했지만 아들이 저지른 잘못을 몰라서 그렇게 했던 것은 아니다. 아들은 죄를 지었고 아버지는 아들의 죄를 알고 있었다. 어쩌면 그렇기에, 이 이야기에서 아버지의 입맞춤은 더욱 강렬한 용서의 상징이 된다. 십자가는 예수가 우리에게 보낸 입맞춤이다. 하지만 예수를 십자가에 매달리게 한 죽음의 힘이 얼마나 큰지 모른다면, 그리고 우리가 그 일의 공모자임을 깨닫지 못한다면, 이 용서의 입맞춤은 우리와 무관해진다. 결국 우리는 그의 놀라운 초대, 예수와 함께하는 새로운 삶으로의 초대에 응할 수도 없게 된다.

이 책이 많은 답보다는 질문을 많이 불러일으키기를 바란다. 이 책은 우선 죄와 구원이라는, 우리가 잃어버린 언어를 이야기할 것이다. 그 과정에 이러한 언어를 버리자고 부추기는 시대의 분위기와, 그러한 언어를 어떠한 언어가 대체하고 있는지를 다룰 것이다. 또한 인간이 실제 삶에서 '죄'를 어떻게 경험하는지도 살펴보려 한다. 이를 통해 나는 독자들에게 왜 '죄'라는 용어가 여전히 의미가 있으며 소망을 불러일으키는 단어임을 보여 주고자 한다. 여정의 끄트머리에서 나는 참회repentance를 이야기할 것이다. 참회는 죄에 대해 인간이 해야 할 응답이며, 교회는 이를 깨우치기 위해 존재한다.

여기서 하는 이야기가 자칫 나란 사람이 다른 누구보다 하느님의 마음을 잘 알고 있다는 의미로 가닿지 않기를 바란다. 나는 조직신학자가 아니라 사목신학자다. 나는 자신이 캄캄한 심연을 헤맨다고 느끼는 이들, 그러면서도 이를 표현할 언어를 갖지 못한 이들, 죄라는 단어가 지닌 참된 의미를 잃어버린 이들에게 관심이 있다. 이들이 있는 한 죄라는 단어가 사라지도록 내버려 둘 수는 없다. 그 언어가 가리키고 있는 현실이 여전히 우리 곁에 있으니 우리는 그 현실의 이름을 알아야 한다. 이를 표현할 언어를 찾아 여기저기서 가르침을 받아 보기도 했지만 가장 희망적인 가르침은 여전히 교회에 있다. 이 언어는 죄에서 은총으로 우리를 이끈다. 이 언어는 우리에게 죄와 직면할 수 있는 용기를, 새로운 생명을 약속한다.

# 실존의 의미

죄와 구원이라는 단어를 생각할 때 내 관심은 두 가지다. 첫째는 주류 교회에서 이 단어를 말하기 어렵게 된 상황을 설명하는 일이고, 둘째는 이 단어가 사라졌을 때 우리가 무엇을 잃게 되는지를 생각해 보는 일이다. 언어란 그저 없어지면 다른 것으로 대체하면 그뿐인 단어들의 모음이 아니다. 언어는 각 공동체가 특정 현실과 마주했던 경험에 따라 형성된다. 언어에는 그 언어를 쓰는 공동체 고유의 가치가 담겨 있다.

지난 여름, 그리스에 있는 한 기념품 가게 현관 앞에 앉아 그리스어가 전 세계에서 점점 영향력을 잃어가는 현실을 한

탄하는 가게 주인과 이야기를 나눈 적이 있다. 그는 말했다.

"그리스어는 정말 아름답습니다! 그렇지만 다른 말로는 번역할 수 없어요. 그리스어에는 '시'를 뜻하는 단어가 다섯 개나 있습니다. 하지만 그 단어들을 영어로 번역하면 모두 'poetry'가 되지요. 세계적인 그리스인 작가나 시인이 많지 않은 이유가 여기에 있어요."

이렇게 언어는 번역되면서 고유의 아름다움뿐 아니라 그 언어가 가리키는 실재도 상당 부분 잃게 된다. 이를 가게 주인은 '올림픽 경기'Olympic games를 예로 들어 설명했다. 그는 '경기'가 우리가 아는 그런 것이 아니라 말했다.

"'경기'는 운동이 아닙니다. 스포츠를 말하는 것도 아니고."

"그럼 뭔가요?"

"영어로는 말할 수 없어요. 그리스에서 올림픽을 말할 때 그 의미와 똑같은 의미를 지닌 단어가 영어에는 없단 말입니다."

내가 믿기로는 그리스도교 언어도 그렇다. 법률 용어, 심리학 용어가 그렇듯 그리스도교 신앙을 담은 언어에는 다른 용어로는 대체할 수 없는 의미가 있다. 신앙의 언어를 잃어버리면 이 언어가 재현하는 실재도 함께 잃어버리게 된다.

이를테면 죄는 단순히 규칙 위반이나 신경증의 징후로 번역될 수 없다. 이 말은 그보다 깊은 뿌리를 가진, 거대한 말이다. '죄'라는 말을 쓰지 않으면 줄어든 어휘와 함께 우리의 경험 세계도 그만큼 축소되기 마련이다.

독자들은 이 책에서 죄라는 단어가 때로는 개인의 죄를, 때로는 공동체의 죄를 의미한다는 것을 알아챌 것이다. 나는 여기서 실존적인 죄와 특정 행동을 하거나 하지 않는 죄를 세밀하게 구분하지 않았다. 이는 내 생각이 직선형으로 나아가기보다는 나선형을 그리며 나아가기 때문이지만, 좀 더 근본적으로는 죄라는 단어 자체가 풍부한 의미를 지니고 있기 때문이다. 그리스어에서 '시'를 뜻하는 단어들이 그렇듯 그리스도교에서 '죄'는 수많은 의미를 갖고 있다. 이 말은 개인의 잘못된 행동부터 사회의 부정의, 인간이 태생적으로 갖고 있는 한계까지 아우를 정도로 폭넓다. 물론 어떤 집에서는 죄라고 여기는 일을 다른 집에서는 죄로 여기지 않는다. 죄인sinner이라 불릴 때 엄청난 두려움을 느끼는 사람이 있는가 하면 잠깐 신경 거슬리는 일 정도로 넘겨 버리는 사람도 있다. 그 때문에 이 단어의 뿌리를 깊이 알기 위해서는 단어의 주변부까지 파헤쳐 보아야 한다.

기억은 나지 않지만, 죄와 관련한 내 첫 경험은 태어난 지

5주쯤 되었을 때 있었다고 한다. 1951년 나는 로마 가톨릭 교회에서 유아 세례를 받았다. 아직 제2차 바티칸 공의회는 열리지 않았고 그곳 또한 그런 분위기와는 거리가 멀었다. 어머니가 가톨릭 신자가 아니어서 성사는 경당side chapel에서 이루어졌다. 나는 첫째 아이였고 어머니는 나를 끔찍하게 아꼈다. 그런 나를 데려간 신부는 (어머니가 듣기에는) 끔찍한 말을 늘어놓았다. 작은 아기였던 나를 향해 완전히 타락한 죄인이고 그 안에 악령이 있다고, 다행히도 세례를 받으면 죄는 씻기고 악령은 사라져 내가 흰 눈처럼 결백해진다고 그는 말했다.

"너는 내게 최고의 선물이었어!"

어머니는 이 기억을 떠올릴 때면 여전히 끔찍하다는 듯 부르르 떨며 이야기한다.

"나는 세례식이 끝나자마자 너를 다시 안고 네 아빠에게 이야기했지. '우리 당장 이곳에서 나가요. 다시는 여기에 오지 않을 거예요.'"

어머니는 자신의 말을 지켰다. 이후 딸을 둘 더 낳았지만 그녀는 딸들의 세례식에 참석하지 않았다. 나를 낳은 뒤 7년간 어머니와 나는 교회에 가지 않았다. 결국 어느 감리교회로 돌아가긴 했다. 그러나 내 기억에 그 교회에서는 죄, 타락 같은 단어를 거의 들을 수 없었다.

　우리 집에서는 죄라는 단어를 쓰지 않았다. 그러나 나는 집에서 죄라는 단어가 지닌 의미를 배웠다. 내가 한 행동 중 어떤 행동은 나와 부모님의 관계를 친밀하게 만들었고(부모님께 진실을 말하거나, 집안일을 돕거나 여동생을 돌보았을 때), 어떤 행동은 부모님과의 관계를 소원하게 만들었다(방을 더럽히거나 물건을 망가뜨리거나 담배를 피울 때). 내가 잘못을 저질렀을 때 진심으로 잘못을 뉘우치면 부모님은 그 말에 귀를 기울여 주셨다. 하지만 부모님이 진실로 바라시는 바는 내가 잘못했다고 말하는 데서 그치지 않고 더는 그 잘못을 저지르지 않는 것임도 배웠다. 부모님은 내가 어떠한 선택을 하느냐에 따라 다른 결과를 낳을 수 있음을 경험케 해 주셨다. 내가 좀 더 자란 후에는 스스로 삶의 규율을 만들도록 지지해 주셨고 내가 나를 믿는 것보다 더 나를 신뢰해주셨다. 나중에 그분들은 이 모든 과정을 통해 내가 망나니가 되지 않고 성숙한 인간이 되기를 바랐다고 말씀하셨다. 수년이 흘러 성서를 읽었을 때 나는 하느님과 이스라엘의 관계가 나와 부모님의 관계와 유사함을 알 수 있었다. 단어를 정확히 모르는 채로도 나는 이미 죄, 심판, 참회, 회심, 속죄, 은총, 구원에 대해 꽤 많이 배운 상태였다.

하지만 모든 아이가 나처럼 운이 좋지는 않다. 어떤 아이들은 잘못에는 매가 약이라고 믿는 부모 밑에서 지옥 같은 유년을 보낸다. 부모에게 상처 입은 아이는 영혼에 병이 든다. 이렇게 상처 입은 영혼들은 자라서 하느님과 관계 맺기를 갈망하더라도 하느님의 심판, 그분의 영원하신 사랑이 바탕이 되는 심판 이야기를 받아들이는 데 상당한 어려움을 겪는다.

공민권 운동이 일어났던 시기, 나는 처음으로 공동체 차원에서 일어나는 죄를 경험했다. 1962년 우리 가족은 오하이오에서 앨라배마로 이사했다. 당시 나는 6학년이었는데 교실에서 누군가 마틴 루터 킹 주니어Martin Luther King Jr.라는 이름을 말하자 친구들 사이에 거의 본능적인 분노와 두려움의 물결이 일어나는 모습을 보았다. 겨우 11살이었던 나는 그 모습을 무어라 불러야 할지 몰랐다. 내가 미처 알지 못한 사이 친구들은 모종의 합의를 이룬 듯했다. 무엇 때문에 그 사람을 그토록 미워하는지 묻고 싶기도 했지만, 호기심보다는 아이들을 더 화나게 만들까 봐 두려운 마음이 더 컸다.

그 의미를 다 모르면서도 나는 사람들이 '검둥이'nigger라는 말을 내뱉을 때 그 말에 담긴 적의를 느꼈고, 저녁 뉴스에 나

온 조지 월리스George Wallace*의 얼굴에서 증오를 보았다. 1년이 지났을 때였다. 교내 방송을 통해 교장 선생님의 목소리가 와이엇 선생님이 가르치는 7학년 교실 창가에 앉은 내 귓가에까지 전해졌다. 교장 선생님은 슬픈 목소리로 케네디 대통령이 총에 맞았다는 소식을 전했다. 그 뒤 그가 어떤 말을 했는지는 듣지 못했다. 교실에 있던 아이들이 손뼉을 치며 환호하는 통에 아무 소리도 들리지 않았기 때문이다. 당시에도 나는 그 아이들 개개인이 특별히 사악하지 않다는 사실을 알고 있었다. 그저 자신들도 모르는 사이에 더 큰 무언가에 사로잡혀 있을 뿐이었다.

16살, 친구들과 침례교회에 갔을 때 나는 처음으로 '죄'라는 말의 명확한 정의를 들었다. 죄란 어떠한 형태이든지 간에 하느님을 향한 반역을 의미했다. 청소년부 사역자는 우리에게 음주, 마약, 그리고 혼외정사의 위험에 관해 알려주고 이를 절대 해서는 안 된다고 경고했다. 이로써 그는 우리가 십계명을 분명히 알게 되었다고 확신했다. 그는 세계에 대한 새로운 관점이 담긴 이야기를 들려주었다. 그 이야기는 이랬다.

---

\* 조지 월리스는 미국의 정치인으로 1960년대에 앨라배마 주지사를 지냈으며 오랫동안 인종 분리 정책을 지지했다.

우리의 노력 여부와 무관하게 인간은 태생부터 타락한 존재다. 하느님께서는 우리를 창조하시고 우리에게 낙원을 허락하셨지만, 최초의 여자는 최초의 남자에게 하느님이 금지한 나무의 열매를 먹였다. 최초의 부부가 저지른 반역은 그들의 후손에게 전해졌고 이후 인간은 숨 쉬듯 자연스럽게 죄를 짓는 존재가 되었다. 우리는 스스로 이 문제를 해결할 수 없다. 누군가 돕지 않으면 우리는 지옥에 떨어지는 심각한 위험에서 벗어날 수 없다. 하느님께서 모든 방법을(때로는 율법을, 때로는 예언자를, 때로는 메뚜기 떼를) 동원해서 인류를 구하기 위해 애쓰셨지만 아무 소용이 없었다. 마침내 하느님은 당신의 아들을 세상에 보내 인류의 죄를 짊어지고 십자가에서 죽게 하셨고 이로써 그를 믿는 이는 죄에서 자유롭게 되었다. 이제 하느님은 사람들이 잘못된 행동을 저지른다고 해서 그들을 벌하지는 않으실 것이다. 예수가 그 대가를 치렀기 때문이다. 그러나 우리의 죄는 예수에게 여전히 큰 고통을 안기며 그렇기에 우리는 최선을 다해 죄를 짓지 않는 삶을 살아야 한다. 우리가 거듭 죄를 짓는다면 하느님께서는 우리를 영원히 지옥에 보내실 것이다. 그러나 우리가 죄에 저항하며 살아간다면 우리는 예수와 함께 영원히 천국에서 살게 될 것이다.

이 이야기는 내 마음에 구원을 얻고자 하는 진실한 열정을 불러일으켰다. 나는 그 교회의 교인으로 등록했고 침례를 받았다. 당시 교회는 나를 안전하게 보호해 주는 피난처였다. 한동안 일요일 온종일, 수요일 오후 대부분을 교회에서 보냈다. 교회는 나의 안전한 피난처였기 때문에 어느 주일 밤 나는 장발을 한 가출 청소년들을 교회에 데리고 왔다. 그 친구들에게도 머물 곳을 주고픈 마음에서였다. 그러나 하루가 지나기도 전에 우리는 교회에서 쫓겨났다. 우리는 캄캄한 밤 속으로 내처졌다. 교회에 있던 사람들은 우리에게 다시는 이곳에 오지 말라고 했다. 나는 충격 속에 밤길을 걸었다. 어떠한 경고도 없었지만 나는 알 수 있었다. 나는 그 사역자가 경고한 죄인이 되었다. 그곳에는 어떠한 은총도 없었다.

이후 2년간 나는 교회를 찾지 않았다. 다시 교회를 찾게 된 건 대학에 들어가 대학생 예배를 드리게 되면서부터였다. 전례는 매주 다른 방식으로 이루어졌고 음악은 현대적이었으며 설교는 짧았다. 이런 예배라면 마다할 이유가 없었다. 교목의 허락 아래, 예배를 마친 학생들은 모여서 여러 주제를 놓고 토론했다. 이야기 주제는 전에 다녔던 침례교회에서라면 입 밖에도 내지 못할 내용이었다. 서로 사랑하는 미혼 남녀가 신중하게 성관계를 갖는 일이 왜 문제가 되는가? 병

역 거부와 군복을 입고 돈을 벌기 위해 전장에 나가 사람을
죽이는 일 중 어느 쪽이 더 문제인가? 낙태와 이미 인구가 넘
쳐나는 세상에 원치 않는 아이를 낳는 일 중 무엇이 정말 잘
못된 일인가?

　토론의 초점은 어떤 행동이 죄인지 죄가 아닌지 묻는 데
있지 않았다. 그곳에서는 특정 행위가 '도덕적이고 윤리적인
의사 결정'인지가 중요했다. 누군가는 이런 토론이 파격적이
라고 생각하겠지만 나는 꼭 그렇게 받아들일 일은 아니라고
본다. 당시 우리는 종교적인 신앙을 전제하지 않은 상태에서
도 모두에게 통용될 수 있는 바른 행동의 기준이 무엇인가를
물었다. 나는 토론을 통해 어떤 행동이 죄냐 아니냐를 판단
하는 데 집중하느라 인간의 기본 가치를 침해하는 비도덕적
이고 비윤리적인 결단을 내릴 수도 있음을 생각해 보게 되었
다. 그렇다고 해서 비도덕이고 비윤리적인 결단이 '죄'라는
단어를 대치할 수는 없다. 죄는 비단 인간의 가치뿐만 아니
라 하느님의 가치와도 연결된다. 죄를 저지른다는 것은 내게
도덕적, 윤리적으로 어리석은 결단을 하는 일보다 훨씬 더
심각한 일이었다.

　신학대학원에서 나는 죄를 보다 학문적으로 다루는 법을
배웠다. 바울 서신과 루터Martin Luther, 틸리히Paul Tillich, 바르

트Karl Barth의 저작을 읽었고 '죄'Sin와 '죄들'sins의 차이를 알게 되었다. '죄'Sin가 하느님에게서 분리된 인간의 실존적 상태를 뜻한다면, '죄들'sins은 하느님에게서 분리된 상태를 지속시키는 인간의 의지적인 선택이라 할 수 있다. 같은 시기, 나는 1928년 성공회 기도서에 수록된 고백을 온 마음으로 받아들이며 성공회 신자가 되었다.

전능하신 하느님,

주 예수 그리스도의 아버지이시고,

모든 것의 창조주이시며 모든 인간을 심판하시는 분.

저희가 시시때때로

생각과 말과 행동으로 그분의 영광을 가리며

그분의 공의로운 분노를 일으켰음을,

우리의 수많은 죄와 약함을 깨닫고 애통합니다.[1]

성공회는 내가 십 대 시절 다니던 침례교회와 미적인 측면에서는 크게 차이가 있었지만 전하는 메시지는 크게 다르지 않았다. 나는 구제할 수 없는 죄인이자 하느님의 식탁에

---

1 *The Book of Common Prayer*, hereafter BCP, 331. 『성공회 기도서』(성공회출판사).

서 부스러기를 먹을 자격조차 없는 존재다. 이 냉혹한 고백은 그때까지 그토록 만들고자 했던 긍정적인 자아상을 망가뜨렸지만 고백을 하는 내 마음은 신기하리만치 편안했다. 더 내려갈 곳이 없었기 때문이다. 시궁창에 빠져 아래로 가라앉다 더는 가라앉을 수 없는 바닥까지 내려갔고, 나는 땅에 발을 딛고 서 있다. 이제 빛을 향해 다시 발걸음을 내딛기만 하면 되었다.

죄를 고백할 때 나는 나 자신의 죄, 내가 알고 있는 죄 이상의 죄를 고백하고 있음을 알았다. 교회에서 죄를 고백할 때 그 죄는 단수가 아니라 복수였다. 고백을 하는 이는 나와 내가 속한 교회 공동체였지만 우리는 모든 피조물을 대신해 죄를 고백했다. 자신이 순결하다고 믿는 이는 이 고백이 자신과는 무관하며 공동체의 전과 기록이 지나치게 길다고 생각하겠지만 말이다. 피조물인 우리에게는 하느님께서 기꺼이 주고자 하시는 모든 용서가 있어야 한다. 이 고백을 하고 얼마 지나지 않아 나는 어쩔 수 없이 우리가 공동으로 저지르는 죄에 어떻게 참여하고 있는지를 깨닫게 되었다. 내가 생각했던 것 이상으로 나는 이 죄에 깊게 몸담고 있었다.

성직자를 양성하는 신학 교육 과정에는 대부분 사목 실습이 포함되어 있다. 그 과목을 어떻게 정의할지, 그 과목을 통해 무엇을 해야 하는지는 실습 장소에 따라 차이가 있지만 대개 인간이 처한 상황을 보다 폭넓게 이해할 수 있도록 프로그램이 만들어져 있다. 나는 신학대학원의 다른 과정을 이수한 뒤 사목 실습에 들어갔다. 실습의 목적은 나 같은 사람들이 서품을 받을지 말지 결정할 수 있도록 돕는 것이었다. 첫 번째 학기는 수월하게 넘어갔다. 나는 친구와 병원, 요양원, 재활센터 등을 방문했다. 성직자 배지를 달고 각 방을 돌아다니며 우리는 사람들에게 사목적인 돌봄을 제공했다. 돌봄에 서툴러 실제로는 우리가 만난 사람들을 행복하게 해주기보다는 기분을 상하게 만드는 일이 더 많았다. 하지만 당시 우리는 나름대로 일을 꽤 잘하고 있다고 생각했다. 우리가 만나는 한 사람 한 사람과 신뢰 관계를 형성하려 했으며 예수의 이름으로 하느님께서 그들을 치유하시는 활동에 하나의 통로가 되고자 했다. 그 학기에 우리는 상대방에게 주의를 기울이는 법, 환자를 대하는 법을 집중적으로 배웠다.

두 번째 학기 실습 과정은 첫 번째 학기와는 완전히 달랐다. 우리는 노숙자들을 위한 식당, 쉼터, 보호소, 지역 교육센터 등을 방문했다. 그곳에서 우리는 개인을 옥죄는 사회 구조를 지켜보아야 했다. 우리가 한 사람 한 사람에게 약간의 선행을 베푼다 해도 '생활'이라는 거대한 현실은 끊임없이, 삽시간에 그 작은 선행들을 삼켜 버린다는 것을 서서히, 어쩔 수 없이 알게 되었다. 우리는 은행이 집에 빨간 딱지를 붙이는 장면을 보았다. 피부색이나 민족적 배경 때문에 돈을 빌릴 수 없는 사람들을 만났다. 차나 집을 갖고 있지 못하면 인력사무소에서 하루 일해 하루 먹고 사는 일밖에 소개받을 수 없다는 사실도 알게 되었다. 6명의 아이를 둔 편모 가정에서 자란 16세 소녀가 버거킹에서 일을 하면 정부는 수입이 발생했다는 이유로 모든 복지 지원을 끊었다. 이 모든 게 엄연한 현실이었다.

힘든 학기였다. 우리 중 누구도 이 거대한 현실에 어떻게 제동을 걸어야 할지 몰랐다. 그렇다고 그 현실을 무시할 수도 없었다. 그 힘은 사람의 영혼에 실제로 상처를 입히고 있었다. 우리가 1주일에 6시간에서 8시간 노력해 본다고 고칠 수 있는 것이 아니었다. 거대한 악이 우리에게서 모든 희망을 앗아 가고 있었다. 게다가 그 악은 우리로 하여금 서로를 불신하게 했다. 가장 끔찍한 사실은 그 힘이 마침내 자신에게 굴복하기까지 인간을 쓰레기 취급한다는 점이었다. 우리가 할 수 있는 일은 기껏 사람들이 입은 상처에 반창고를 붙여 주는 정도였다. 그러면 사람들은 다시 현실로 돌아가 쓰레기 취급을 당했다.

세 번째 학기, 우리는 지역 사회 곳곳에서 활동하고 있는 교회들로 가게 되었다. 본질적으로는 첫 학기 때 배운 기술을 사용하면 되는 곳으로 다시 돌아온 셈이다. 몇몇 교회에서는 급식소와 옷을 기부받아 판매하는 곳(상처 입은 사람들에게 반창고를 붙여 주는 사목 활동)을 운영했지만, 그들도 그러한 사역이 필요하게 된 원인인 구조적 문제를 어떻게 타파해야 할지 모른다는 점에서 우리와 매한가지였다. 무료 급식소와 기부 센터를 운영하는 일이 선한 일이라는 것에는 모두가 동의하면서도, 정부에 청원해 연방 주택 자금을 늘리거나 지역 공기업들이 저소득층을 위해 기업 보유액을 줄이는 일에 대해서는 대부분이 선뜻 동의하지 않았다. 가난한 이에게 무료로 옷이나 음식을 주는 일은 자비로운 행동이지만, 권력층에게 무언가를 요구하는 일은 정치적인 행동이라고 했다. 우리는 배고픈 사람에게 생선을 줄 수는 있되 왜 그들에게 생선이 없는지는 물을 수 없었다.

사제 서품을 받은 후 10년간 도시에 자리한 교회를 섬기며 나는 양쪽 일을 다 할 수 있는 행운을 누렸다. 10년 동안, 나는 거의 매일, 해야 할 일을 하지 않는 죄의 유혹에 시달렸다. 창밖의 노숙자들을 바라만 보아도 되는 사람들, 노숙자들의 이름을 알 필요가 없는 직업을 가진 사람들이 부러웠다. 고층 건물 꼭대기 층에 사무실이 있어 길거리에서 일어나는 일을 멀리서 관망하는 그들의 환경을 질투했다. 사람들이 왜 교외로 이사하는지 이해가 되었다. 낙후된 지역, 험상궂은 사람들이 사는 지역의 교통 시설이 확충되어 접근성이 높아질 가능성이 있을 때 왜 사람들이 반대표를 던지는지도 이해할 수 있게 되었다. 하지만 내 교회는 도심에 있었고, 내 사무실은 건물 1층에 자리하고 있었다. 나는 모든 사람 안에 계신 그리스도를 섬기기 위해 애써야 했고 내 이웃을 내 몸처럼 사랑해야 했다. 이른바 '경건한' 사람들이 사회 구조적인 죄보다 성적인 죄에 더 많은 관심을 두는, 나로서는 잘 이해되지 않던 현상도 이해할 수 있게 되었다. 가난, 범죄, 환경 문제는 쉽게 맞설 수 없기에 이기기 힘든 적을 만날 때의 흔한 해법대로 공격하기 쉬운 적들에게 주의를 돌려 버리고 마는 것이다.

8년 전 나는 시골로 이사했다. 그곳에서는 여전히 죄의 언어가 통용되었다. 통용된다고는 하지만 죄의 언어를 고수하는 곳은 지역에 흩어져 있는, 규모가 작은 교회들뿐이었다. 주류 교회의 상황은 달랐다. 주류 교회에서는 교회 성장church growth, 봉사 활동outreach, 교파 차원에서 벌이는 계획 등에 관심을 기울였다. 수많은 교회의 교인 수가 감소하는 추

세에 있었고, 그러한 상황에서 교회는 교인을 떨어져 나가게 할지도 모를 불편한 언어를 쓸 여유가 없었다. 사람들은 어떻든 죄나 참회에 관해 듣고 싶어 하지 않으니 말이다. 어두컴컴한 죄의 현실을 피한 채로는 은총과 용서라는 말이 지닌 의미를 알 수 없음에도, 사람들은 은총과 용서만을 들으려 했다.

죄라는 단어에 얽힌 경험은 이 정도면 충분히 말하지 않았나 싶다. 내 이야기를 늘어놓은 것은 독자들도 각자의 경험을 돌이켜 봐 주었으면 해서였다. 내가 죄와 구원을 말할 때마다 얼마간 조심스러워한다는 것도 독자들이 알아 주었으면 한다. 요즘도 학생들은 나에게 그리스도교 신앙의 언어가 얼마나 배타적이고 폭력적일 수 있는지를 들려 준다. 애초에 죄와 구원이라는 말은 천국과 지옥이 있고 하느님이 사람들을 둘 중 한 곳에 보낸다는 세계관을 받아들이는 이들에게만 제대로 작동한다.

그러한 관점을 가져본 일이 없거나, 한때 그러한 세계관을 받아들였으나 이제는 그 세계관을 버린 이들에게 죄와 구원은 그리스도교 신앙에서 멀어지게 하는 일 외에는 거의 아무런 힘을 행사하지 못한다. 이 말들은 사람들의 마음에 죄책감을 불러오고, 그래서 사람들은 그 자리를 떠나 버리고 만다. 사람들은 입으로는 사랑을 말하면서 두려움을 주는 그리스도교인들의 위협과 정죄에 지쳤다.

게다가 언어는 언제나 일련의 문화적 가치들을 포함한다. 대체로 죄는 계급, 신조, 민족에 따라 갈라진 집단이 꺼림칙하게 여기는 모든 것을 가리킨다. 각 집단은 성서에 있는 특정 구절을 사용해 자신들이 정의하는 죄를 뒷받침하려 한다. 그러나 그들은 하느님의 가치가 자신들이 지향하는 가치와는 다를 수 있다는 점을 거의 깨닫지 못한다.

최근 갤럽 조사에 따르면 미국에 사는 사람 중 95%는 여전히 신의 존재를 믿는다. 사람들은 그저 자신의 삶과 조응하지 못하고 마음의 허기를 채워주지도 못하는 신에 관한 이야기만을 늘어놓는 교회에 가지 않을 뿐이다. 이들은 교회를 떠나 의식적으로든 무의식적으로든 자기 고유의 세계관을 만들어 간다. 다양한 종교 전통들, 세속 사상들에서 말이 된다고 여기는 부분들을 한데로 모으다가 자신의 이해보다 훌륭하게 세계를 설명하는 언어를 발견하면 대부분 다시는 교회 문을 밟지 않게 된다.

회중 교회 목사의 아들이었던 한 학생은 티베트 불교에서 말하는 자비의 다르마가 그리스도교에서 말하는 사랑의 계명보다 훨씬 더 흥미롭다고 말했다. 어떤 학생은 신비주의에서 사용하는 언어에 매혹을 느꼈다고 했다. 교회 모임보다 익명의 알코올 중독자 모임AA: Alcoholics Anonymous group에서 공동체성을 발견했다는 학생도 있었다. 내 식대로 말하면, 이 젊은이들은 모두 일종의 구원을 찾고 있었다. 구원을 찾는 이러한 여정은 평화를 추구하는 삶으로 드러날 수도, 의미를 찾는 삶으로 드러날 수도, 자유를 지향하는 삶으로 드러날 수도 있다. 이렇게 구원을 찾는 중에 우리는 외부적인 환경에서든 내면에서부터든 구원을 가로막는 장애물을 만나며(나는 이를 죄라 부른다) 나름의 방식으로 이를 극복할 도구를 새로이 발견하게 된다. AA에 다니는 학생만이 '참회'라는 말을 알았지만(알코올 중독 치유 과정에서 이 말은 여섯 번째 단계라고 한다) 그 학생을 비롯한 모두가 이전의 낡은 방식을 떠나 새로운 여정, 더 풍요로운 삶을 약속하는 여정을 걷고 있었다.

이런 모습을 보면 그리스도교인으로서 나는 의아하다. 좀 더 솔직히 말하자면, 슬프다. 왜, 어떻게 우리의 언어는 사람들을 교회 밖으로 내몰게 되었을까. 어쩌다 사람들이 교회가 아닌 다른 곳으로 생명을 찾아 나서게 되었을까. 어쩌다 우리는 사람들이 '죄'와 '구원'을 진부한 단어로 여기도록 만들었을까. 어쩌다 이 말들은 힘을 잃고 텅 빈 언어가 되었을까. 이 질문에 완벽하게 답할 자신은 없다. 다만, 우리가 구원의 언어를 잃어버리는 데 영향을 미친 시대적 분위기는 어느 정도 묘사할 수 있을 것 같다.

이제부터는 세 가지 현대 사조(다원주의pluralism, 포스트 모더니즘postmodernism, 세속주의secularism)를 이야기해 보려 한다. 이세 사조가 명확하게 분리될 수 있는지는 잘 모르겠다. 이들은 서로가 서로를 암시하며 모두 21세기 초엽의 종교적 풍경을 묘사하고 있다. 나는 이 사조 중 어느 하나가 그 자체로 나쁜 것이라고는 생각하지 않는다. 어떤 면에서 이 사조들은 그리스도교 신앙 언어가 지닌 의미를 우리가 더 명확히 갈고 닦도록 자극을 주었다고 할 수도 있다. 어떻든 이제 우리에게 이 사조들을 무시할 여유는 없다. 우리의 언어가 살아남기 위해서는 이 사조들과 대화를 나눔으로써 이들이 우리에게 던지는 도전과 질문에 응답해야 한다.

나는 다원주의를 일종의 영적인 세계화로 이해한다. 온갖 매체 덕분에 우리는 어느 시대보다 세계 종교를 잘 알게 되었다. 달라이 라마Dalai Lama의 책은 뉴욕 타임즈New York Times 베스트셀러 목록에 오른다. 온라인으로 힌두교도들이 운영하는 아쉬람에 참여할 수도 있고 크리슈나 의식 국제 협회 International Society for Krishna Consciousness에 연락해 수행 도구들을 요청할 수도 있다. 지역 YMCA 회관에서 하타 요가Hatha Yoga

과목을 수강할 수도, 태극권을 배울 수도 있다. 마하라쉬 마헤시 요기Maharishi Mahesh Yogi를 따르는 이들이 지원하는 초월 명상 과정에 참여할 수도 있다. 관심이 없다면 모를까, 조금만 노력하면 부처의 사성제와 예수의 산상 설교의 차이, 유대교나 이슬람교에서 그리스도교를 일신교로 보지 않는 이유도 알 수 있다.

세계 종교를 정복하기 위해 다른 종교를 알아야 한다는 이야기를 하고 싶지는 않다. 신성한 진리는 인류가 양동이로 수 천 년간 퍼낸다 해도 다 길어 올리지 못할 만큼 깊다. 게다가 그 양동이는 새기 쉽다. 그보다는 여타 종교가 다다른 깨달음을 배울수록 우리 자신에 대한 이해도 깊어진다고 이야기하고 싶다. 일례로 유대교에는 원죄 교리가 없다는 사실, 유대교에서 말하는 구원이란 토라에 순종하는 삶이라는 사실을 아는 것은 성서를 이해하는 데 도움이 된다. 예수 자신이 유대인이었기 때문이다. 유대인은 대개 그리스도교에서 말하는 천국과 지옥에 대해 그리 구체적인 개념을 갖고 있지 않다. 그들이 보기에 그리스도교는 다가올 세계에 관심이 지나치게 많다. 토라의 후손들이라면 이 생에서 가장 중요한 과제는 '지금, 여기'에서 세상을 구원하고자 하시는 하느님을 돕는 일이라고 말할 것이다.

상당수 동양 종교가 신을 거의 이야기하지 않는다는 사실을 아는 것 역시 우리 자신을 더 풍요롭게 이해하는 데 도움을 준다. 부처는 신학적인 명상을 가슴에 꽂힌 화살에 관해 묻는 일에 비유했다. 원한다면 화살의 길이를 측정할 수도 있다. 어디서 날아온 화살이고, 화살을 쏜 사람은 누구며 어떤 나무로 만들어졌는지에 대해 이런저런 이론을 전개할 수도 있다. 그렇지만 가슴에 화살이 꽂혔을 때 가장 온당한 행동은 어떻게 화살을 뽑아낼지를 묻고, 그리하여 화살을 뽑아내는 일이다. 문제는 올바른 교리orthodoxy(올바른 믿음)가 아니라 올바른 실천orthopraxis이라는 것이다. 부처의 이런 가르침은 수년 간 내가 속한 교파를 괴롭혀 온 이단 심문과 관련해 하나의 신선한 대안으로 다가왔다. 불교에서 죄는 실재의 진정한 본성을 무시하는 것이며, 구원이란 실재의 진정한 본성에 눈뜨는 것, 즉 화살을 제거하는 것을 말한다.

다른 세계 종교들이 제공하는 풍부한 참고 자료를 완전히 몰아낸 설교단을 나는 상상할 수 없다(언젠가 장로교 신학교에서 드리는 예배에서 설교하는 와중에 '수피'sufi라는 단어를 꺼내자 예배당을 가득 채운 사람들이 동시에 눈살을 찌푸리는 모습을 본 적이 있지만 말이다). 나는 다른 언어를 배우는 일이 내 언어를 더 유창하게 구사하는 데 도움이 된다고 믿는다. 다른 종교를 가진 이와 대화할 때 상대를 더 존중할 수도 있게 된다. 나는 조지아주 클락스빌에 사는데 이곳에는 이슬람교 신자, 힌두교 신자, 불교 신자, 유대교 신자들이 두루 살고 있다. 그들은 그들의 존재 자체로 내게 세상에 여러 종교가 있음을 상기시켜준다. 그들에게 그리스도교의 언어가 생동하기를 바란다면 나 또한 그들의 언어를 어느 정도는 익힐 필요가 있다.

다원주의, 영적인 세계화는 죄와 구원의 언어에 영향을 미치는 첫 번째 사조다. 많은 사람이 다른 종교의 언어를 알게 되었고 그 언어가 그리스도교의 언어만큼, 어쩌면 그보다 더 합당하다고 생각한다. 그리스도교인들이 그 언어들을 알지 못한다면 그들과의 대화는 시작조차 할 수 없을 것이다.

두 번째 주요 사조는 포스트모더니즘이다. 이 단어는 너무 많은 사람이 서로 다른 것을 묘사하는 데 사용해서 제대로 정의할 수 있는 말이거나 한지 의문이 들 정도다. 내가 이해한 대로 써보자면 포스트모더니즘은 기본적으로 근대의 종언을 뜻한다. 국가, 학문, 또는 종교가 우리 안에 있는 최선을 끌어낼 수 있으리라 믿었던 시대는 지나갔다. 민족주의는 히틀러를, 과학의 발달은 원자 폭탄을 낳았다. 아파르트헤이트나 아일랜드 내전을 군이 언급할 필요가 없을 만큼 종교는 끔찍한 일을 무수히 저질렀다. 인간애란 온전히 이루어지기 어렵다는 것이 명백히 드러났고 한때 우리가 기댔던 체제들은 역으로 우리를 무너뜨렸다.

포스트모더니즘 시대란 한때 존중했던 권위에 환멸을 느끼는 시대다. 그 권위 자체가 완전히 악한 것은 아니지만 권위에 대한 존중이 일정 부분 환상에 기대어 있었음이 드러났다. 일생을 허상 속에서 헤매고 싶은 사람이 어디 있을까. 미몽에 빠진 이를 돕는 최선의 방법은 그 꿈에서 깨어나게 하는 것이다. 이렇게 꿈에서 깨어난 사람들은 제각기 흩어져 각자의 길을 걷는다. 어떤 이는 의미를 찾으려는 모든 노력을 포기하고, 어떤 이는 더 깊고 더 믿을 만한 원천을 찾아나선다. 과거의 가치로 돌아가자고 주장하는 이들도 있고, 아직 오지 않은 미래에서 희망을 찾는 이들도 있다.

포스트모던 시대를 사는 사람들은 더는 오래된 제도를 신뢰하지 않는다. 기존의 제도는 이미 그들을 실망하게 했다. 내 모국 미국에서는 유권자의 1/3 정도만 투표권을 행사한다. 재택 교육home schooling이 전국에서 주목받고 있다. 주류 교회가 쇠퇴하는 현상도 그리 놀랄 만한 일이 아니다. 설교자들의 권위는 스러져 가고 있으며 이와 마찬가지로 대통령의 권위, 공교육 체계 등 지금 내가 떠올릴 수 있는 거의 모든 기관과 제도가 지닌 권위가 쇠락해 가고 있다.

나는 그리스도교의 언어, 죄와 구원의 언어를 사람들이 달가워하지 않게 된 데는 이러한 시대적 분위기가 영향을 미치고 있다고 생각한다. 죄에 대한 경고와 구원의 약속이라는 표현은 이제 교회 지도자들조차 포기한, 사람을 통제하기 위해 이전 시대에나 쓰던 낡은 수단처럼 보인다. 종교 언어들은 대부분 영성에 관한 언어로 대체되고 있다. 사람들은 "스트레스 줄이기", "힘을 내기", "조화롭게 지내기" 같은 부드러운 표현을 선호한다. 이런 표현 자체에 문제가 있다고 생각하지는 않지만, 저 표현들이 인간 경험의 어두운 영역을 충분히 묘사할 수 있을지는 의문이다. 이런 시대, 힘이 자산이기보다 억압으로 기능하는, 조화로움이 오래전에 사라진 시대에 말이다.

포스트모던 시대에 죄와 구원의 언어는 오직 시대에 환멸을 느낀 사람들과 소통할 수 있을 뿐이며, 그 또한 그들이 놓인 현실에 비추었을 때 그 언어가 절대적으로 타당하며 그 현실을 적절하게 표현하고 있을 때만 의미 있을 것이다. 설교자가 설교단에 서서 사람들을 향해 직접 죄를 선포하던 시대는 오래전에 지나갔다. 오늘날 설교자들은 그만한 권위를 갖고 있지 않다. 이 시대에 설교자들이 할 수 있는 일이란 죄의 경험과 그 여파를 생생하게 묘사해서 사람들이 자신의 삶에 죄가 이미 현존하고 있음을 식별해 내도록 돕는 일뿐이다. 그리스도교인은 사람들에게 만성적인 죄책감을 불러일으키거나 인간이 태생적으로 죄인이라는 것을 논증하지 않으면서도 변화를 열망하는 우리의 삶을 보여 주어야 한다.

세 번째 사조는 세속주의다. 세속주의에는 앞서 언급한 두 사조가 얽혀 있다. 세속주의는 곳곳에 너무나 깊게 뿌리내렸기에 현대인의 일상 자체를 세속주의라고도 할 수 있다. 그만큼 세속주의는 죄와 구원의 언어에 강한 영향력을 미친다.

「하퍼스 매거진」Harper's Magazine 최근호에서 루이스 라팜 Lewis Lapham은 7주덕seven cardinal virtues과 7죄종seven deadly sins를 병합할 것을 제안했다.* 하늘나라와 하늘의 가치가 그들만의 세상을 창조한 북미 사람들의 구미에 맞지 않는다는 것이다. 그는 7주덕이 강조하는 '덕'virtues이 세계 시장의 요구를 충족시켜주지 못하는 데 반해, 7죄종의 '죄'sins는 주식 시장을 지켜 주고 고용을 증가시키며 투자를 활성화하고 성적이고

---

\* 7주덕이란 7가지 주요 덕을 이르는 말로 3향주덕向主德, Theological Virtues과 4추덕四樞德, Cardinal virtues을 합친 것이다. 3향주덕에는 믿음, 소망, 사랑이 있으며 4추덕에는 정의, 지혜, 절제, 용기가 있다. 7죄종은 전통적인 그리스도교에서 죄의 근원이 되는 7가지 죄를 말하며 교만, 인색, 시기, 분노, 음욕, 탐욕, 나태가 있다.

정치적인 욕망에 대한 대중의 기호에 부합한다고 설명한다.

> 7주덕이라는 지방 덩어리를 떼어 낸다고 해도 부동산 가격
> 이나 다우존스 지수에는 별다른 변화가 일어나지 않을 것이
> 다. 그러나 7죄종을 없앤다면 아마 이 나라는 즉시 파산할
> 것이다.[2]

그는 죄가 실용적이라는 점을 고려해 덕을 축소하자고 냉소적으로 제안한다. 그에 따르면 교만pride은 유명한 학술재단에 기부를 하게 하며 분노anger와 음욕lust은 연예 산업의 연료가 된다. 그러나 그가 애써 제안하지 않더라도 이미 이 시대는 우리가 전에 '죄'라 여겼던 항목을 축소하면서 나름의 해법을 고안해 냈다. 이제 자살, 이혼, 중독을 죄라고 생각하는 이는 많지 않다. 동거, 혼외 출산 또한 마찬가지다. 혼전 성관계는 너무 일반화되어서 혼전 순결을 지킨 이들을 만나기가 하늘에 별 따기일 정도다. 때로는 거짓말도 '장난'이라는 이름으로 허용되고 '탐욕'을 '동기'라 부르며 긍정하기도 한다. 사람들은 말한다. 어찌 되었든 이미 일어난 일을 잘못

---

2 Lewis H.Lapham, "Notebook: Asset Management," *Harper's Magazine* (November 1999), 12.

이라고 지적해 봐야 무슨 소용이 있느냐고, 왜 개인이 선택할 자유를 존중하지 않느냐고, 어차피 그 일의 결과는 개인이 감내해야 하지 않느냐고 말이다.

나는 이러한 현상을 죄의 '퇴화'de-evolution라 부르고 싶다. 이 현상은 세속 문화 영역만이 아니라 교회에서도 분명하게 나타난다. 안식일에 일을 하거나 하느님의 형상을 빚는 행위가 사형에 해당하는 죄였던 때도 있었지만, 오늘날 교인 대부분은 주일에 잔디를 깎아도 될지 혹은 십자가에 달린 예수의 모습을 티셔츠에 새겨도 될지를 고민하지 않는다. 고리대금업, 식탐, 욕설, 도박도 과거만큼 심각한 죄로 여기지 않는다. 오늘날 주류 교회에서 교인이 금융업이나 사행 산업에 종사한다는 이유, 그가 대식가라는 이유로 교회에서 직분을 주는 것을 반대할 수 있을까? 게다가 교파마다 행동 규범도 다르고(이를테면 음주를 죄라 여기는 교회가 있는가 하면, 예배 중 성찬례를 할 때 포도주를 사용하는 교회도 있다) 그 간극은 더욱 커지고 있다. 많은 교회가 공통으로, 공개적으로 설교단에서 선포할 수 있는 죄라고는 예배에 빠지는 일, 교회 행사에 빠지는 일, 청지기 정신의 부족 정도다.

세속주의가 미친 영향 중 더 흥미로운 부분은 죄와 구원의 언어가 의학, 법률 용어로 대체되었다는 점이다. 칼

메닝거Karl Menninger는 이런 변화를 기록한 첫 번째 사람이다. 1973년 출간된 베스트셀러 『무엇이 죄가 되었든 간에』 Whatever became of sin에서 그는 자기 생각을 개진한다. 심리학자로서 그는, 실존적인 죄는 자신이 다룰 영역이 아니라고 말하며 자신의 관심은 비행非行, 넓은 의미에서 "현재 주어진 상황에서, 성격과 행동에 있어 윤리적 이상을 실현하는 일에 실패하는 것"이라 말한다.[3] 이런 차원에서 그는 감옥에 있는 사람들과 그의 환자들에게 주목한다. 두 경우를 다루면서, 그는 어떤 사람들은 왜 그토록 파괴적인 행동을 자행하는지, 어떤 사람들은 어떻게 그런 행동을 스스로 조절할 수 있는지를 설명해 보고 싶었다고 말한다.

과거 죄를 엄격하게 다루던 시대가 있었다. 광장에 죄인들을 세워 두고 뺨에 주홍 글씨를 새기는 혹독한 처벌을 내리기도 했다. 메닝거는 그처럼 잔인하고 비정상적인 처벌이 대중의 지지를 잃게 된 것을 죄가 퇴화하게 된 하나의 원인이라고 본다. 게다가 대중은 이제 주류 종교가 그들의 눈에 못마땅해 보이는 일이라면 무엇이든 '죄'의 혐의를 씌울 수 있고, 죄가 일종의 억압 수단으로 기능한다는 사실을 알

---

3  Karl Menninger, *Whatever Became of Sin?* (New York: Hawthorn Books, Inc., 1973), 18~19.

아차렸다. 남북 전쟁 이전 시대에는 노예가 주인에게 반항하는 일이 죄였고, 내가 한때 살았던 남부 시골 지역에서는 많은 사람이 여전히 여성이 설교단에 서는 일을 죄로 여긴다. 이런 모순을 알고 있기에 많은 사람이 '죄'라는 표현을 사용하기를 멈춰 버렸다. 이제 사람들은 법정에서 다루는 끔찍한 일은 범죄라 부르고, 자기 파괴적인 행동들은 정신병이라 부르며, 많은 핵심적인 문제를 절대적인 개인의 문제로 남겨 둔다.

메닝거는 죄라는 용어를 쓰지 않게 되자 악의 책임 소재가 바뀌었다고 말한다. (우리가 죄라고 부르는) 비행을 정의하는 데는 선택의 문제가 포함되어 있다. 한 아이가 사탕을 훔치는 일이 잘못인 줄 알면서도 훔쳤을 경우, 아이의 엄마가 그 사실을 알게 되면 아마도 그녀는 아이를 가게로 데리고 가서 주인에게 사실을 밝히고 사탕값을 치를 것이다. 참회는 이 전체 과정이라고 할 수 있다. 다시 말해, 참회는 죄를 저지른 자신을 돌이켜서 죄를 고백하고 자신이 망가뜨린 일을 원 상태로 복구함으로써 충만한 삶을 회복하는 과정이다. 그 일은 엄마가 시킨 것이지만, 그녀가 궁극적으로 아이에게 바라는 것은 아이가 엄마나 타인에게 혼나지 않기 위해서가 아니라 스스로 잘못을 깨닫고 더는 그런 잘못을 저지르지 않는 것이다.

그런데도 아이가 사탕을 계속 훔친다면 상황은 어려워진다. 어머니는 자식의 나쁜 버릇을 그 싹부터 도려내기 위해 근처에 사는 친절한 경찰에게 부탁해 아이를 체포하는 척해 달라고 부탁할지도 모른다. 아버지가 집에 오지 않는 주말에만 아이가 도둑질한다는 사실을 알게 된다면 심리상담사에게 상담을 받을 수도 있다. 주일 학교에 아이를 보내지 않아 이런 일이 생긴 거라 판단하고, 후회하는 마음으로 지역 교회 성직자를 찾아가 조언을 구할지도 모른다.

메닝거는 문제가 생겼을 때 문제를 만든 당사자를 어떤 전문가에게 데려가야 하는지, 즉 도덕적 이상을 구현하는 데 실패했을 때 누가 그를 구제해 줄 수 있는지에 따라 범죄, 질병, 죄를 구분할 수 있다고 설명한다. 경찰을 부른다면 그 잘못은 범죄와 처벌의 범주에 들어가게 되고, 상담사를 부른다면 그 일은 질병과 치료의 범주에 들어가게 된다. 마찬가지 잘못을 두고 성직자를 부른다면 그 일은 죄와 참회의 범주에 들어간다. 메닝거가 보기에 세 가지 중 그나마 덜 가혹한 영역은 상담, 혹은 의학 모델이다.

정신적으로 아픈 사람에게 벌을 준다든지 질병의 증상을 두고 회개하라고 말하는 것이 온당한 일이겠는가? 죄나 범

죄와 달리 질병은 선택에 대해 책임을 물을 수 있는 문제가
아니다. 의학 모델에서 악, 잘못에 대한 책임은 어딘가로 사
라져 버린다. 생물학적인 문제, 부모의 학대, 태생적인 건강,
뇌 손상 등. 이제 법에서도 범죄를 저지른 이가 정신적인 질
병을 앓기 때문에 그 같은 일을 저질렀다고 판단할 때는 벌
대신 치료를 제공한다. 정신 질환까지는 아니더라도 자신이
저지른 행동이 자신만의 책임이 아님을 증명하면 상대적으
로 가벼운 처벌을 받기도 한다.

"판사님, 저는 상관의 명령을 따랐을 뿐입니다."
"그를 죽이려 했던 것은 아닙니다. 그저 즐거운 시간을 보내
고 싶었을 뿐인데 그가 저를 건드렸어요. 순간적으로 분노
에 휩싸여서 그만…"
"네. 저도 그 사진을 봤어요. 그 사진 속 인물이 저라는 사실
도 인정합니다. 그렇지만 저는 그날 밤 제가 거기에 있었는
지 기억도 나지 않아요. 공장에서 2교대 근무를 마치고 진
통제를 먹었고 그다음은 기억이 잘… 약을 먹고 술을 마시
지 말았어야 했는데…"

이런 진술들은 우리의 행동이 진공 상태에서 이루어지지 않

는다는 진실을 보여 준다. 우리 삶은 근본적으로 타인의 삶과 연결되어 있다. 우리가 자신의 성, 계급, 인종, 문화를 선택할 수 없듯이 우리의 선택은 타인의 선택에 제한을 받는다. 어떤 일들은 우리가 의식적으로 선택하지 않은, 온전한 정신이 아닌 상태에서 일어나기도 한다. 우리는 우리도 모르게 주먹을 휘두르고, 물건을 부수고, 울음을 멈추지 않는다고 해서 아이를 마구 흔들고 있는 '자신을 발견한다'. 그런 일을 의도했든 의도하지 않았든 저지른 일의 결과는 바뀌지 않으며 그 일에 어느 정도 책임이 있음을 인정하지만, 우리는 말하고 싶어 한다. 그 행동은 진심이 아니었다고.

'책임'이라는 단어는, '책임을 진다'는 말은, 의식적이고 자율적이며 강인한 인상을 주지만 막상 '책임'져야 할 일을 맞닥뜨릴 때 우리는 갈피를 잡지 못한 채 겁먹고 나약한 상태에 처할 뿐이다. 이럴 때 우리는 우리가 저지른 끔찍한 일이 그 순간 살아남기 위한 최선의 선택이었다고 생각한다. 극한의 상황에서는 맞고만 있기보다는 상대를 때려야 하고, 빼앗기기보다는 빼앗아야 하고, 죽게 될 상황이라면 어떤 방법으로든 살아남기를 선택할 수밖에 없다. 그런 결정은 선택이라기보다는 생존을 위한 몸부림에 가깝다. 그럴 때면 우리는 이렇게 자신을 방어하고 싶어 한다. 그러고 싶지는 않았다고, 그래야만 했다고, 나 같은 상황에서는 누구라도 같은 일을 할 수밖에 없다고. 때로 이런 자기방어는 공격적인 어조를 띄기도 한다. 선택의 여지가 없었다고 변호하는 데서 더 나아가 그렇게 한 것이 옳았다고, 적어도 최선이었다고 항변하는 것이다.

"나는 그런 상황 속에서 내가 해야만 하는 일을 한 거야."
"그가 나를 그런 식으로 건드려서는 안 되는 거였다고."
"그렇게 돈이 많은 사람 것은 좀 훔쳐도 되잖아."

어느 쪽이든 책임은 실패의 어디쯤으로 돌리고, 벌을 받지 않기 위해, 적어도 형량을 적게 받기 위해 우리는 '무죄' 변론을 한다. 작년 11월 밀워키 연방지방법원은 1991년 10대 소녀를 살인한 여성에게 무혐의를 선언했다. 그녀의 변론 내용은? 자신의 살인은 도시의 폭력에 너무 많이 노출되어 발생한 외상 후 스트레스 장애 때문에 저지른 행동이었다는 것이다.

우리는 교회를 다닌다고 하면서도 너무 많은 법정 드라마를 본 건 아닌지 모르겠다. 어쩌면 너무 많은 자기 계발 서적을 읽었는지도 모른다. 그러면서 우리 자신의 언어(그리스도교 언어)를 말하는 법은 잊어버리게 되었는지도. 어찌 된 일인지는 모르겠지만 그렇게 되어 버렸다. 우리는 어느새 무언가에 실패했을 때 이를 다루던 우리 자신의 틀을 버리고 의료나 법률이라는 틀을 선호하게 되었다.

지난 50년간 이러한 현상, 신학 언어의 침식을 가속화한 요인으로 두 가지 정도를 들 수 있을 것 같다. 먼저 다수 신학교의 커리큘럼에 목회상담학이 포함되었다는 점이 하나의 요인으로 작용했다. 그러면서 신학생들은 심층 심리학 용어를 배우게 되었고 틸리히와 바르트의 저작이 점령하고 있던 책장에 프로이트Sigmund Freud와 에릭슨Erik H. Erikson이 출현했다. 목회상담학 시간에 배우는 정신건강 진단 편람은 사목적 돌봄을 다룬 여느 책들에 비해 훨씬 구체적인 지침을 제공한다. 어려움을 겪는 이와 그냥 이야기를 나눌 수도 있겠지만, 심리학을 익혀 그에게서 조울증이나 자기애성 인격 장애의 증상까지도 찾아낼 수 있는 것이다! 그리고 그편이 아무래도 좀 더 전문가스럽다. 이런저런 이유로 성직자들은 의학 언어를 선호하게 되었고, 거기에 안착했다. 많은 성직자는 의학 언어가 새로운 관점으로 사안을 보게 해 줄 뿐 아니라 자신들이 기존에 사용하던 언어보다 훨씬 더 좋은 결과를 약속한다고 생각했다.

다음으로는 성직자들이 언젠가부터 법률 용어를 배워야하는 의무를 갖게 된 점을 들 수 있다. 어떤 부모가 흥분한상태로 성직자를 찾아와 자녀를 볼 때마다 이성을 잃고 폭력적인 감정이 일어난다고 말하면 성직자는 그 말을 멈추게 하고, 그 문제는 비밀이 될 수 없음을 알려야 한다.

부모가 털어놓은 말 중에 자녀가 위험할지도 모른다는 징후가 보이면, 그 말을 들은 나에게는 아동보호국에 연락할의무가 있다. 자살, 살인의 징후가 느껴질 때도 마찬가지다.생명에 위협을 줄 수 있는 징후를 발견하면 나는 즉시 경찰에 연락해야 한다. 그 생명을 구해야 해서이기도 하지만 그러한 일을 알리지 않았다는 이유로 고소를 당하지 않기 위해서이기도 하다. 위법 행위 때문에 받는 처벌을 피하려면 나는 정책 편람을 읽을 줄 알아야 하고, 교회 지도자들에게 이를 알릴 수 있어야 하며, 선서문에 서명해서 교회가 국가가시행하는 규제에 충분히 협조하고 있음을 보여 주어야 한다.

여러 이유로 나는 이들 언어를 배워야 했음에 감사하고있다. 자신이 속한 문화에서 주요하게 쓰이는 언어를 익히는일은 물론 도움이 된다. 단지 나는 인간의 실패와 회복을 해석하는 여타 언어들과는 다른 세계관을 품고 있는 그리스도교의 언어를 우리가 너무 성급하게 버리려 하지는 않았는지 묻고 싶은 것이다.

30년 전 틸리히가 말했듯 우리 종교 전통이 지닌 위대한 언어는 다른 언어로 대체할 수 없다. 적절한 대체물이 없기도 하거니와 다른 단어로 표현해 보겠다는 의욕에 눈이 멀어 핵심은 놓치고 주변부만 이야기하게 된다. 그 결과 남은 것은 표현의 빈곤이다. 죄를 '병리 현상'으로, 참회를 '회복'으로 대체하면 듣는 사람이 덜 불쾌할지는 모르지만 이는 성서가 말하고자 하는 바와 의미가 다르다. 이로 인해 훨씬 더 깊은 뉘앙스를 가진 언어를 버리거나 얕은 어휘로 대치해 버리게 되고, 우리의 경험도 그 깊이와 입체성을 상실하고 평면이 되어 버리고 만다.

언어와 경험은 긴밀하게 연결되어 있으며 이러한 연결을 끊어 버리는 일은 치명적이다. 죄와 구원을 다루는 그리스도교의 언어가 생동력을 잃은 이유는 우리가 저 언어와 경험 사이의 연결 고리를 잃어버렸기 때문이다. 삶에서 일어나는 일과 그 일을 묘사하는 언어 사이의 연결 고리를 떼어 내면 사람들은 그 언어를 듣더라도 별다른 의미를 얻지 못한다. 틸리히는 말한다.

그러나 잃어버린 언어를 다시 발견할 수 있는 길이 있다. 우

리는 인간 경험의 심연으로 가야 한다. 그곳, 그 언어들이
잉태된 저 깊은 곳에서, 모든 시대를 아우르는 언어의 힘을
찾아내야 한다. 그곳에서 다시금 언어는 발견되고 결국 우
리 한 사람 한 사람도 언어가 지닌 힘을 다시 발견할 수 있
을 것이다.[4]

죄를 말하기 위해 우리는 우리 경험의 중심부로 헤엄쳐
들어가야 한다. 그곳에서 우리는 죄가 우리의 유일한 희망임
을 발견하게 될 것이다.

---

[4] Paul Tillich, 'You are Accepted', Karl Menninger, *Whatever Became of Sin?*,
47.에서 재인용.

# 죄,
# 우리의 유일한 희망

옛날 옛적에, 한 에스키모 사냥꾼이 그 지역에서 설교하는
선교사를 찾아갔다.

"물어볼 게 있소."

"무엇을요?"

"내가 하느님을 알지 못하거나 죄에 대해 들어본 일이 없어
도 나는 지옥에 갑니까?"

"아니요. 죄를 알고도 죄를 지을 때 지옥에 가지요."

"그럼 나한테 그걸 왜 알려 주는 겁니까?"

이 이야기는 애니 딜라드Annie Dillard가 쓴 『팅커 계곡의 순

레자』Pilgrim at Tinker Creek 중 죄와 구원의 신비에 관한 수수께끼를 다루는 대목에 실려 있다.[*1] 이 이야기는 하느님(A), 죄(B), 그리고 지옥(C)이 선교사가 마을에 가서 설교하기 전까지는 존재하지 않았음을 시사한다. 좀 더 정확하게 말해 선교사가 마을에 전한 것은 A, B, C의 상관관계에 관한 이론이다. A와 B를 알면 그 사람은 C에 책임이 있다. A와 B를 모르는 사람은 C에 대한 책임에서 자유롭다. 이 신성한 방정식은 오늘날까지 설교자들이 간신히 설교를 할 수 있게 해 주는 비책이기도 하다. 설교자들은 이 개념들을 정의하는 데 능숙하다. A, B, C가 무엇을 의미하는지 잘 모르면 설교자를 찾아가 이야기를 들으면 된다. 그는 하느님이 누구이며 죄란 무엇이고 어떻게 하면 지옥에 가는지를, 그러니까 우리 영혼의 건강을 지키는 데 필수적인 정보를 줄 수 있다.

선교사가 각 단어 사이의 관계에 대한 이론과 정의, 죄, 구원이라는 용어를 수입해 왔을지는 모르지만, 단어의 실재까지 만들어냈다고 할 수는 없다. 설교자나 교회, 어쩌면 어떤 종교 조직이 있기 한참 전부터 인간은 공동체를, 소외를, 신과 연결되거나 분리되는 경험을 했다. 선사 시대 벽화에서

---

1 Annie Dillard, *Pilgrim at Tinker Creek* (New York, NY: HarperCollins, 1988). 『자연의 지혜』(민음사).

도 종교적인 경험의 흔적을 찾을 수 있다. 문자가 만들어지기 전부터 있던, 풍부한 상징들이 담긴 이야기도 있다. 종교적인 경험을 어떻게 명명하는지는 이를 명명하는 지혜 전통에 따라 다르고 그 차이가 이해의 차이를 만들기도 한다. 그러나 종교적인 경험 자체는 그 모든 이론과 정의가 만들어지기 이전에 이미 현실에 존재했다.

이를테면, 원죄에 대한 그리스도교의 교리가 있기 전에 한 남자와 한 여자에 관한 이야기가 있었다. 이야기에 따르면 최초의 남자와 여자는 아름다운 동산에 살았다. 그곳에서는 공작새와 판다가 뛰놀고 칼라꽃calla이 만발했다. 하느님은 남자, 여자와 친밀한 관계를 이루셨다. 그곳에는 그들이 소원하는 모든 것이 있었다. 단 하나, 그들이 가질 수 없는 것이 있었는데, 하느님이 손대지 말라고 명령한 하느님의 나무였다.

> 동산에 있는 모든 나무 열매를 자유롭게 먹어도 좋다. (창세 2:16)

하느님은 그들에게 강조했다.

그러나 선과 악을 알게 하는 나무의 과일을 먹어서는 안 된다. 그것을 먹는 날에 너희는 죽을 것이다. (창세 2:17)

그 순간부터, 어쩌면 당연하게도, 그들은 그 나무만을 원하게 되었다. 어쩌면 그 나무의 열매는 다른 모든 열매를 더한 것보다 더 맛있었을지도 모른다. 신선한 파인애플과 잘 익은 체리를 더한 맛이었을지도. 무엇보다 그 열매에는 마술적인 힘이 깃들어 있는 것처럼 보였다. 그 열매가 하느님을 하느님으로 만들어 주기 때문에 하느님이 그 근처에 접근하지 못하도록 했을지도 모를 일이었다. 적어도 뱀은 그렇다고 설명했다. 뱀은 기이한 피조물이었다. 혀를 움직이는 모습이 작은 분홍색 깃발이 펄럭이는 모습 같기도 했다. 뱀은 아담과 하와의 흥미를 끌었다. 뱀은 하느님이 그들에게 숨긴 사실을 이야기해 주었다. 하느님은 그 나무에 손을 대지 말라는 명령만을 내렸지만, 뱀은 하느님이 그렇게 명령한 이유를 설명해 주었다. "죽지는 않을 거야." 뱀이 말했다. "하느님은 너희가 그 열매를 먹는 순간 눈이 열려서 하느님처럼 선과 악을 알게 된다는 걸 아서."(창세 3:4~5) 뱀은 이런 말을 남기고 아담과 하와가 스스로 결정하도록 내버려 두었다. 오랜 시간이 걸리지는 않았다. 이는 인간이 주도권을 갖게 된 첫 번째 기록이다. 인간은 자신에게 최선이라고 생각하는 일을 자신을 위해 결정했다. 하느님에게 반역할 수 있는 자유를 사용해서 그들은 열매를 먹었다. 그리고는 겁을 먹은 채 동산 구석에 서 있었다.

어떤 면에서 뱀은 옳았다. 그들은 하느님의 말과 달리 열매를 먹고도 죽지 않았다. 그러나 그 이후 그들이 알던 이전의 삶은 끝나 버렸다. 열매를 먹은 그 날 오후 그들은 모든 것, 그들의 낙원, 그들의 순수함, 하느님과의 친밀한 관계까지 모두 잃어버렸다. 단 한 번의 어리석음, 한 번의 선택이 이 모든 것을 앗아 갔다. 이전으로 돌아갈 길은 없었다. 그들은 얻고자 했던 선과 악에 대한 지식을 얻었지만, 그 순간 그들은 동산을 떠나야 했고 인생은 고단해졌다. 인생에 고통이 찾아 왔고 삶은 영원히 이전의 궤도를 벗어나 버렸다.

이 이야기를 다시 꺼낸 이유는 이 이야기가 여전히 진실을 담고 있기 때문이다. 많은 사람이 자신이 더는 순수한 아이일 수 없게 된 순간을 기억한다. 아빠가 자신의 서재에서 뭔가를 급히 숨기는 것을 보게 된 때, 또는 지하실에서 친구와 하던 비밀스러운 놀이를 엄마에게 들키게 되던 순간을 말이다.

언젠가 수영장에서 할아버지가 두 살 정도로 보이는 손자와 놀아 주는 모습을 본 일이 있다. 손자는 또래에 비해 몸집이 큰 데다 장난기가 많았다. 손자는 할아버지의 팔에서 벗어나 물에 들어가겠다고 발버둥을 치고 할아버지는 아이가 물에 빠질세라 힘껏 손자를 붙들었다. 할아버지가 세게 잡을수록 아이는 더 세게 할아버지를 밀어냈고 결국 할아버지를 밀쳐내고 물에 손을 뻗었지만 거리를 제대로 가늠하지 못하고 얼굴을 바닥에 부딪히고 말았다. 철퍼덕하는 소리, 그리고 잠깐의 침묵이 흐른 뒤 울음소리가 들렸다.

할아버지는 화가 나서 손자에게 소리를 지르고 아이를 마구 흔들었다. 아이는 이내 힘이 빠진 채 조용히 할아버지의 팔에 안겼다. 아마 아이도 할아버지의 그런 성난 목소리는 처음 들었을 테고, 어떤 식으로든 그렇게 몸이 아픈 경험도 처음이었을 것이다. 나는 그들의 첫 관계가 깨어지는 순간을 지켜보게 된 셈이다. 할아버지와의 처음 관계, 완벽했던 유대는 깨어졌고, 그 순간 이후로는 모든 것이 더는 전과 같지 않게 되었으리라. 아이는 전처럼 순수한 신뢰만을 갖고 할아버지를 바라볼 수 없게 되었을 것이다. 손자와 할아버지의 관계는 그 경험 전과 후 사이에 생명나무를 두루 도는 불칼이 지켜야 하는 것으로 변해 버렸다.

에덴을 잃는 경험은 때로 의도적인 불순종에서 비롯되지

만 그렇지 않은 예도 있다. C.S.루이스C.S.Lewis가 지적했듯 대개 최초로 벌을 받은 기억은 처음으로 잘못을 인지하는 순간보다 앞서는 경향이 있다. 아담과 하와가 그 경계를 탐험할 때 순수한 무지 속에 있었듯이. '먹지 말라'는 명령은 명확했지만 과일을 먹기 전까지 그들은 그 말에 담긴 의미를 정확히 몰랐을 것이다. 아담과 하와는 명령의 의미를 과일을 먹은 후에 비로소 알게 되었다. "아가, 오븐을 만지면 안 돼"라는 명령에 담긴 의미를 손에 빨간 물집이 잡히기 전에 충분히 이해하는 아이가 있을까?

어쩌면 아담과 하와가 내린 결정의 명백한 불가피함이 이 이야기를 더 매혹적으로 만드는지도 모른다. 진정 그들이 그 나무의 열매를 먹지 않길 원하셨다면, 애초에 하느님은 왜 나무를 그곳에 두셨을까? 말하는 뱀은 또 어떤가? 이 모든 것이 최초의 인간 부부에게 순종을 시험하는 과정이었다면 애초에 순종할 수 있도록 그들을 이끌어 주시지 않은 이유는 무엇인가? "9시 이후에는 전화하지 마세요"라든지 "금붕어 밥 주는 것 잊지 마세요"와 같은 부탁은 오히려 그 일을 하기 싫게 만드는데 말이다.

아담과 하와는 그들이 처음으로 도덕적인 선택 앞에 직면했던 때 만물의 이름을 기억하려 애썼다. 아직 동물들의 가

죽이 벗겨지기 전이었다. 물론 그들은 잘못된 선택을 했지만, 왜 그런 선택을 하게 되었는지 우리는 이해할 수 있다. 순진함은 호기심으로 넘치고 어리석고 깨지기 쉽다. 하느님의 명령을 따르겠다고 결단하는 것은 순진한 상태에 머무르는 것과 전혀 다르다. 그렇다면 우리 중 누구에게도 희망이 없을 것이다.

이 이야기를 좋아하는 어떤 이들은 아담과 하와는 그 열매를 먹을 수밖에 없었다고(원죄 때문이 아니라 하느님이 그렇게 하도록 의도하셨다고) 생각하기도 한다. 하느님은 그들이 열매를 먹게 되어 있음을 아셨다. 그것만이 그들이 성인이 될 수 있는 유일한 길이었고, 이후 인간은 진정한 의미에서의 선택을 할 수 있게 되었다고 그들은 말한다.

해석하기 어려움에도 불구하고 타락 이야기가 멋진 이유는 이 이야기가 분명 우리의 실상에 관한 진실을 담고 있기 때문이다. 우리에게는 실로 끔찍한 결정을 할 수 있는 자유가 있다. 우리가 하는 선택에는 반드시 결과가 있다. 그리고 전체 구조에 얼마간의 결함이 있음도 사실이다. 그 결함이 말하는 뱀이 되었든, 또 전체 피조세계와 자신에게 파멸을 가져오는 것을 선택하려는, 거의 생물학적인 것에 가까운 충동이 되었든 말이다.

그러나 타락 이야기는 '죄'라는 단어를 언급하지 않는다. '원죄'original sin라는 표현은 더더욱 찾아볼 수 없다. 타락 이야기에 그와 같은 주석을 단 시기는 원래 이야기가 만들어졌을 때보다 훨씬 이후, 기원후 4세기 히포의 아우구스티누스 Augustine of Hippo가 이 이야기를 언급하면서부터다. 아우구스티누스는 타락 이야기를 해설하며 인간에게 선 대신 악을 선택하려는 경향이 있다고 말한다. 아우구스티누스의 거대한 영향력으로 인해 에덴 이야기는 그리스도교에서 말하는 죄의 원형이 되었다. 그의 영향을 받아 그리스도교인은 대부분 근본적인 차원에서 죄란 개인의 불순종individual disobedience을 뜻한다고 생각한다.

그러나 성서는 이처럼 단순한 이해를 지지하지 않는 듯하다. 시나이산에서도 이스라엘 백성은 커다란 죄를 저지른다. 하느님이 통치하시는 그곳에서 그들은 보이지 않는 하느님 대신 보이는 금송아지를 경배했다. 엘리의 아들들은 하느님께 바쳐야 할 제물을 자신들이 취하는 죄를 저지르기도 했다(1사무 2:17). 사울의 군대가 피를 제거하지 않은 고기를 먹은 일도 성서는 죄라 말한다(1사무 14:33). 때로는 특정 지역의 풍조 전체를 죄라고 규정할 때도 있다. 소돔과 고모라, 니느웨와 유다를 언급할 때가 그렇다. 특정 성적 행위도 분명하게 죄라고 언급하는 데, 암논이 배다른 누이 다말을 강간한 일(2사무 13장), 다윗이 밧세바와 간통한 일(2사무 11장) 등이 여기에 해당한다. 가난한 사람들을 부자들이 착취하는 일(아모 4:1), 하느님보다 군대나 종교를 의지하는 일(아모 3:11, 5:21) 역시 성서는 죄라고 말한다.

개인의 불순종은 히브리 성서에 나오는 무수한 죄 중 하나일 뿐이다. 하느님과 분리되는 행위를 뜻하는 히브리 단어는 3개다. 첫째는 '하타'חטא로, 가장 자주 사용되며 '과녁을 벗어났다'는 뜻이다. 이 단어는 다윗이 밧세바의 남편 우리야를 죽인 일이나 여로보암이 북쪽에 있는 도시 베델과 단에 금송아지를 세운 행위처럼 고의로 잘못을 범한 일을 묘사할 때 사용되기도 했지만, 길을 잃고 헤매는 모습을 묘사할 때도 쓰인다. 다윗과 여로보암이 처음부터 잘못된 길을 가도록 결정되었던 것은 아니다. 하느님이 선택한 지도자로서 그들은 올바른 일을 하도록 부름받았고 시작은 좋았다. 그러나 길을 가던 중에 그들의 시선은 흐트러졌다. 하느님의 길을 떠나 다른 것에 눈이 갔고 그 결과 그들은 바른길을 벗어나게 되었다. 과녁을 벗어난 것이다.

두 번째는 '아바'עוה로 '잘못된 행동을 하다'라는 뜻이며, 종종 '죄악'으로 번역된다. 이 단어는 기본적으로 하느님과 분리된 상태를 가리키며 하느님을 거스르려는 의도를 갖고 그분의 명령을 어기는 것까지 포괄한다. 엘리의 아들이 하느님께 바치는 제물을 훔쳤을 때 바로 이 단어가 쓰였으며, 이스라엘 민족이 야훼의 엄중한 정의보다 바알과 아세라의 달콤한 호의를 좋아하는 모습을 표현할 때도 이 단어가 쓰였다.

세 번째는 '파샤'ּשׁעַ로 '반역하다'를 뜻한다. 이 단어는 보통 '범죄'로 번역되며 '죄악과 범죄'처럼 위에서 언급한 '죄악'과 함께 쓰이는 일이 종종 있다. 이 단어는 하느님과 분리되는 행위 중에서도 명백하게 하느님을 거스르는 행위를 표현할 때 사용한다. 이를테면 미가는 부유한 지주가 가난한 사람들을 집에서 내쫓을 때나 여자와 어린이가 부당한 법에 고통받을 때, 설교자들이 사람들이 듣고 싶어 하는 이야기만 할 때 이 단어를 썼다.

이 세 가지 히브리 단어들의 연결 고리는 이 단어들이 모두 '하느님의 뜻을 거스르는 행위'를 가리키는 데 쓰인다는 점이다. 과녁을 벗어나는 것, 잘못된 행동, 명백히 하느님을 거스르는 행동은 모두 하느님과 함께하는 길에서 벗어나는 행위다. 죄를 지은 사람들은 하느님에게서 떨어져 버려진 땅에서 방황한다. 하느님은 그들에게 추가로 어떤 벌을 내리시기보다는, 생명의 길을 저버린 그들을 그들이 하는 대로 내

버려 두신다. 이것이 그들에 대한 하느님의 심판이다. 수행을 강조하는 종교, 규율을 중시하는 종교와 달리 그리스도교가 고백하는 하느님은 그들의 반역에 어떤 벌을 내릴지 계획하지 않으신다. 그저, 그들이 생명을 거절하는 일을 자행하도록 내버려 두셔서 그들 자신이 그 일의 무게와 크기를 느끼게 하신다.

언젠가 친구와 차를 타고 가며 지옥에 관해 길고 두서없이 이야기를 나눈 적이 있다. 우리는 어릴 때 교회에서 배운 지옥 이미지, 하느님의 군대가 천국으로 가는 길을 가로막고 있는 불지옥 이미지에 동의하지는 않았지만 '지옥'이라는 말이 함축한 '정의'justice에는 공감했다. 우리는 살아가면서 그 결과를 뻔히 알면서도 나쁜 선택을 하는 일이 있음을 인정했다. 친구가 말했다.

"이 생에서는 꽤 오랫동안 끔찍한 일들을 피하는 게 가능해. 죄를 짓고도 숨기거나, 그에 대해 거짓말을 할 수도 있고, 그 일의 대가를 몇 년이 지나서야 치르기도 하지. 그렇지만 하느님에게는 모든 일은 현재이고 모든 것이 이미 드러나 있잖아. 하느님의 시선으로 보면 어떤 선택을 했다면 그 일의 결과가 시간을 두고 지연되어 나타나는 일은 없는 거지.

우리가 무엇인가를 생각하거나 말하거나 행동하는 순간, 실은 우리는 우리의 선택이 야기하는 모든 현실을 동시에 경험하게 되는 거야."

우리는 운전을 잠시 멈추고 대화를 이어갔다. 나는 말했다.

"그러니까 내가 누군가를 미워하기로 하는 순간 내 마음이 미움의 가시로 둘러싸이고, 그 모든 가시가 계속해서 나를 찌르는 고통을 느끼게 된다는 말이지?"

"아니, 그보다 상황이 더 나쁘지. 미움을 선택하는 순간, 네 주위를 온통 네 눈에는 보이지 않는, 분노로 가득한 사람들이 너를 향해 끔찍한 비명을 지르는 거야. 어둠 속에서 너를 때리고 발로 차면서 말이지. 왜냐하면 누군가를 미워하는 일의 결과는 미움을 받는 고통을 느끼게 되는 것이니까."

"끔찍하다. 그런데 그런 일이 우리가 나쁜 쪽을 선택하자마자 일어나는 걸까? 시간이 좀 흐르고 나서?"

"내 생각엔 그게 언제든, 내가 행한 죄의 결과가 나를 찾아오게 되는 때가 있는 것 같아. 하느님의 생명으로 살아가는 사람일수록 그 결과도 빨리 찾아오고, 더 아프게 그 일을 겪게 되는 것도 같고."

"하느님과 멀리 있는 사람보다 가까이 있는 사람이 지옥에 도 더 가깝다는 말처럼 들리네."

"어쩌면 그런 것도 같아. 어쩌면 그게 하느님의 은총인 것 도 같고. 우리가 그런 고통을 겪도록 허락하셔서 우리가 그 지옥에 계속 머무르지 않기를 선택하지 않도록 하시는 건 지도."

"지옥에 갔다가 지옥 밖으로 나오는 것도 가능한 건가?"

"난 하느님이 아니잖아. 그걸 내가 어떻게 알겠어."

히브리어 성서가 그리스어로 번역되면서 '하타'가 죄를 표현하는 다른 히브리어 동사들을 제쳤다. 그리하여 '과녁을 벗어나다'가 신약에서 말하는 죄의 주된 의미가 되었다. 복음서에서는 때때로 죄를 (마태오나 루가의 복음서에 나오는 주의 기도에서 찾아볼 수 있듯이) '빚'debt으로 표현하기도 하지만 더는 강조점을 인간이 행하는 특정 잘못에 두지 않는다. 죄는 하느님에게서 인간을 분리하는 어둠의 힘 또는 그러한 힘에 휘말린 상태를 가리키는 단어로 드러난다. 유대인에게 이 어둠을 물리치는 방법이 토라를 따르는 것이라면, 그리스도교인들에게는 토라의 현현인 예수를 따르는 것이 죄로부터 안전해지는, 구원을 받는 길이다.

그러나 어떤 이들은 예수가 죄를 이겼다는 것을 자신이 저지른 잘못을 용서받는 것에 대한 일종의 대용품으로 여기기도 한다. 1970년대 예일 신학대학원을 다니던 시절 도서관에 갔을 때 찾는 책이 서가에 없었다. 대출 기록을 살펴봐도 책을 찾을 수 없었다. 나는 짜증이 나서 사서를 찾아가 어떻게 된 일인지 물었는데 그는 누군가 훔쳐갔을 거라면서 신학대학원이 다른 어떤 단과대학원보다 책 도난율이 높다고 답했다. "부끄러운 일이네요. 도대체 왜 그러는 걸까요?" 그는 민망한 표정을 지으며 말했다. "은총 때문이겠죠. 당신네 그리스도교인들은 앞으로 지을 죄까지 모두 하느님께서 용서해주셨다고 믿잖아요. 그러니까 그냥 하고 싶은 대로 하면서 살 수 있는 거겠죠."

그다음 주 설교에서 나는 이 이야기를 하고 싶었지만 하지는 못했다. 베트남에서 부상당한 군인들이 돌아오고 있는 마당에 도서관에 책이 없어졌다는 이야기는 설교 시간에 하기에 너무 사소해 보였기 때문이다. 게다가 죄에 관한 설교가 얼마만큼의 반향을 일으킬 수 있을지 확신이 없었다. 당장 나부터도 누군가가 죄에 관해 말하기 시작하면 양심의 가책을 피하고자 머릿속으로 저녁때 미트로프를 먹을지 스파게티를 먹을지를 고민하곤 했으니 말이다.

저런 설교를 피하도록 하는 것은 내 죄책감이었다. 몸무게에서 시작해 기도 생활에 이르기까지 나는 나에 관한 죄책감만으로도 충분히 버거웠다. 1g의 죄책감만 더해져도 무너져 버릴 것만 같았다. 게다가 다른 설교자가 지적하는 죄는 대체로 내가 현재 내 삶에서 가장 관심 있어 하는 주제와는 거리가 있었다. 남아프리카공화국의 아파르트헤이트 문제나 오존층에 난 구멍과 같은 일이 인류 차원에서 중요한 문제임은 분명했지만 손에 잡히지 않는 먼 이야기로만 여겨졌고, 할로윈이나 빙고의 해악에 대한 설교는 무의미하게만 보였다. 그들은 열심히 설교했지만 그들의 열성이 내 마음에 불꽃을 지피는 일은 드물었다. 돌이켜 보면 그런 선포들은 내가 스스로 내 죄를 명명할 수 있도록 도와주지 못했던 것 같다. 그들은 내 죄에 이름을 붙여 주려 노력했지만, 실은 그 죄란 그들의 삶과 관련된 이야기였고 내 삶의 이야기는 아니었다.

앞서 언급했듯 여러 가지 이유로 죄와 구원을 다루는 언어들은 최근 수십 년간 힘을 잃고 있다. 그리고 그 사이 인간이 처한 곤경을 묘사한 다른 언어들이 계속 출현했다. 가장 영향력 있는 언어는 의학 언어와 법률 언어다. 사람들은 이 두 언어를 가지고 교회와 세속 문화에서 일어나는 문제들을 설명하려 한다.

의학 모델에서는 인간이 가진 기본적인 문제를 죄가 아니라 병sickness이라 부른다. 우리는 모두 병에 걸릴 확률이 있고, 평생 병에 걸리지 않을 수 있는 사람은 소수에 지나지 않는다. 제대로 된 정신을 가진 사람이라면 누구도 병에 걸리기를 선택하지는 않는다. 병은 환자의 책임이 아니다. 알츠하이머 환자는 잠깐 정신이 돌아오는 때를 선택할 수 없으며 조울증 환자는 감정의 그네 타기를 멈출 수 없다. 질병에 걸린 상태에서는 자유롭게 자신의 상태를 조절할 수 없고, 그래서 그가 질 수 있는 책임에도 한계가 있다. 환자들이 아파서 하는 행동에 책임을 묻는 일은 희생자에게 당한 일의 책임을 묻는 행위와 유사하게 부당한 일이다.

병이 죄를 대체하게 되었기 때문에 질병은 또한 인간의 실패를 가리키는 하나의 은유가 되었다. 이제 우리는 심판을 받는 대신 진단을 받으며 속죄를 받는 대신 치료를 받는다. 우리가 죄를 저지르는 이유는 세균 혹은 생물학적인 이유 때문이거나 어린 시절 경험한 정신적인 외상 때문이다. 그러니 그런 문제는 우리의 '잘못'이라고 부를 수 없다. 내가 한 행동은 과거에 누군가가 내게 했던 행동의 결과다. 나를 망가뜨린 이가 나 자신이 아니므로 내가 나를 고칠 수도 없다. 우리에게 필요한 사람은 우리가 아파서 하는 행동을 비난하지 않으면서도 치료를 포기하지 않는 따뜻한 의사다.

보수적인 교회보다는 진보적인 교회에서 이러한 언어를 주로 사용하는 경향이 있다. 이들은 죄를 질병으로 표현하는 성서의 선례를 따르고, 죄가 모든 곳에 스며들어 있기에 우리는 이를 피할 수 없다는 실존적인 이해에 기반을 둔, 죄책을 묻지 않는 신학no-fault theology을 받아들인다. 우리는 모두 최선을 다했다. 우리가 남들보다 조금 낫다면 이는 우리가 다른 사람보다 더 좋은 환경에서 자랐기 때문이다. 아이를 때리는 사람은 실은 자신에게 폭력을 행하는 사람이다. 누군가 파괴적인 행동을 한다면 그건 그 사람이 삶을 소중하게 다루는 법을, 특히 자신을 소중히 여기는 법을 배우지 못했기 때문이다.

영화 《샤레이드》Charade의 유명한 대사를 기억하는 이가 있을지 모르겠다. 극 중 오드리 헵번Audrey Hepburn은 캐리 그랜트Cary Grant에게 묻는다. "왜 사람들은 거짓말을 하는 걸까요?" 그랜트는 답한다. "무언가를 간절히 원하지만, 원하는 걸 끝내 얻을 수 없다는 진실을 마주하기 두려워하기 때문이지." 그랜트가 설교자였다면 이렇게 말했을지 모른다. "사람들이 죄를 짓는 건 선을 원하면서도 그런 선을 이룰 수 없다는 진실을 마주하기 두려워하기 때문이지."

이러한 두려움, 인간의 약함은 매우 보편적인 것이어서 우리는 이를 죄라고 부를 뿐 아니라 고통<sup>affliction</sup>이라 부르기도 한다. 우리는 모두 실존적인 불안을 경험한다. 이런 우리에게 정죄는 부적절해 보인다. 어째서 하느님은 그저 약한, 두려워하고 있을 뿐인 인간을 정죄하시는가?

법률 언어는 의학 모델과는 정반대 방향을 향한다. 법률 모델에서 인간이 가진 기본적인 문제는 죄나 질병이 아니라 '위법'<sup>crime</sup>이다. 어떤 법을 위반했든, 신호등 정지 신호를 위반한 것처럼 경미한 위법 행위든 누군가의 머리에 총을 쏘는 행동처럼 중대한 범법 행위든, 이를 법이 규제한다는 것에는 우리가 우리 행위를 통제할 수 있다는 전제가 깔려 있다. 우리는 우리 행동에 책임이 있다. 어떤 환경에 속해 있든 우리에게는 법을 어기지 않을 수 있는 자유가 있고 또 그렇게 살아야 한다.

법을 어기면 법을 어긴 것에 따르는 책임을 져야 한다. 위반 정도에 따라 벌금을 낼 수도 있고 감옥에 갈 수도 있다. 이렇게 벌을 받음으로써 우리는 사회에 진 빚을 갚는다. 빚을 갚으면 (비록 범죄 기록이 남기는 하지만) 다시 공동체로 복귀할 수 있다(적어도 이론상으로는 그렇다). 재차 법을 어기면 벌은 더 무거워지며 개선의 가능성이 보이지 않으면 아예 무기 징역이나 사형 선고를 받아 사회에서 격리될 수도 있다.

범법 행위가 죄를 대체하면 불법이 인간이 저지른 실패를 가리키는 은유가 된다. 여기서 문제에 대한 해결책은 의학 모델에서 제시하는 의사의 치료나 약이 아니라 일정한 정도의 정의다. 우리가 과거에 어떻게 자랐고 현재 어떤 어려움을 겪고 있든지 간에 우리는 하느님의 법을 지켜야 한다. 법을 어기면 그에 따른 책임을 져야 한다. 우리가 하는 행동은 우리가 선택한 것이다. 우리가 계속 죄를 저지른다면 그건 우리가 부주의하거나 반항적인 탓이다. 이때 우리에게 필요한 것은 우리의 변명을 씻어 내고 행동에 책임을 지게 해 주는 공정하고 정의로운 심판이다.

법률 언어가 신학 언어를 대체하는 일은 흔히 보수적인 전통을 가진 교회에서 일어난다. 이러한 교회에서는 죄를 법률 용어와 관련지어 표현한 성서의 선례, 죄를 의도적인 잘못, 전적으로 인간이 저지른 잘못이라고 보는 신학적 견해를 따른다. 이러한 관점은 개인이 선이나 악을 선택할 힘을 갖고 있음을 강조한다. 상황 윤리는 고려하지 않는다. 상황이 어떻든 옳은 일은 옳은 일이고 그른 일은 그른 일이다. 우리는 선과 악의 갈림길에 있다. 어떤 길을 택하느냐에 따라 우리는 잡초가 될 수도, 알곡이 될 수도, 양이 될 수도, 염소가 될 수도, 지혜로운 처녀가 될 수도, 어리석은 처녀가 될 수도 있다. 심판의 날이 오면 하느님께서는 우리가 어디에 속하는지를 가려내고 영원한 심판을 내리실 것이다.

법률 모델이 사람들에게 매혹적인 부분은 우리 중에서 범법자를 가려낼 수 있으며 그들을 솎아낼 수 있다는 믿음을 주는 데 있다. 그렇게 범법자들을 솎아낸 뒤 남은 '우리'는 죄가 없다는 산뜻한 기분을 만끽할 수도 있고 말이다.

그러나 의학 언어나 법률 언어는 신학 언어를 충분히 대체하지 못한다. 신학적인 언어는 두 언어가 담아낼 수 없는 역설의 공간을 품고 있다. 신학 모델에서 인간이 가진 기본적인 문제는 질병도 범법 행위도 아닌 죄Sin다. 이 죄는 개인의 문제이면서 인류라는 종의 문제이고, 우리의 실존적인 불안과 관련된 문제이면서 우리가 고의로 저지르는 잘못된 행위에 관한 문제이기도 하다. 우리가 죄를 지을 때 하느님과 우리가 맺은 관계, 우리가 서로 맺은 관계, 우리와 전체 피조세계와 맺은 관계는 깨어진다. 우리는 때로 그러한 관계의 균열을 만들어 내기도 하고 균열의 덫에 사로잡히기도 하지만, 어느 쪽이든 우리에게 희망이 완전히 사라진 것은 아니다.

의학 모델과 달리 신학 모델에서는 죄를 마냥 자비를 베풀어야 할 고질적인 병폐로 보지 않는다. 타락한 피조물이지만 우리에게는 여전히 하느님께서 주신 자유로운 선택의 공간이 있다. 우리가 처한 환경이 얼마나 빈한貧寒하든, 우리가 얼마나 나쁜 일을 겪었든 우리는 여전히 선과 악 사이에서 선택할 수 있다. 또 우리에게 일어나는 일에 어떻게 반응해야 할지를 선택할 수 있다. 비극과 함께 사는 법을 익힐 수도 있고, 그 일로 하여 사실상 죽은 상태로 남은 생을 보낼 수도 있다. 우리는 우리의 적을 용서할 수도 있고, 계속해서 그들을 미워하며 평생을 살아갈 수도 있다. 신학적으로 죄는 하느님, 그리고 다른 사람과 깨어진 관계에 머무르기를 선택하는 것이다. 그리고 이 관계를 회복하는 과정으로 들어서기로 선택하는 것을 참회라 한다. 참회를 결단하면 쓴 약을 먹었을 때처럼 고통이 따른다. 하지만 이 약에는 분명 우리 삶을 구원하는 힘이 있다.

　또한 법률 모델과는 달리 신학 모델에서 죄란 단순히 하면 안 되는 일련의 행동들이 아니다. 그리스도교에서 죄란 훨씬 더 근본적이다. 죄는 우리 삶 자체와 연관되어 있으며 삶의 변화를 촉구한다. 그래서 법률 모델과는 달리 신학 모델에서는 누구도 죄가 없다고 말할 수 없다. 그렇다고 해서 심판의 두려움에 마비될 필요는 없다. 죄에 대한 적절한 반응은 벌이 아니라 속죄이기 때문이다. 벌과 속죄의 차이에 대해서는 나중에 좀 더 이야기할 것이다. 중요한 것은 죄의 핵심이 법의 위반이 아닌, 관계가 깨어지는 데 있다는 점이다. 신학 모델에서 도달하고자 하는 정상은 사람들을 벌하는 것이 아니라 관계의 회복이다. 신학 모델의 초점은 우리가 진 빚을 갚는 데 있기보다 삶의 충만을 회복하는 데 있다.

그리스도교 신학은 우리에게 아무 잘못이 없다고 말하지도 않고 우리에게 모든 잘못이 있다고 말하지도 않는다. 우리가 잘못을 저지르기는 하지만 전적으로 잘못이 있다고 말할 수는 없다. 인간은 피조세계를 이루는 그물망 속에 살며 다른 모든 피조물과 연결되어 있다. 누구도 이 망에서 홀로 떨어져 나와 존재할 수는 없다. 그렇기에 자신이 구원받고자 한다면 어떻게 '함께' 구원받을 수 있을지를 숙고해 보아야 한다.

이러한 차원에서 죄는 우리의 유일한 희망이다. 일을 바로잡기 위해서는 먼저 무언가 문제가 있음을 인지해야 하기 때문이다. 어떤 도움도 필요 없다는 이를 도울 방법은 없다. 물건이 고장 나지 않았다고 하는데 그 물건을 수리할 수는 없는 일이다. 그러니 이 세계를 살아가는 이들이 세계가 안

타깝게도 돌이킬 수 없을 만큼 망가졌음을 인정하지 않는다면 세계를 바꿔 나갈 수 있다는 희망도 가질 수 없다.

한편 멸망으로 치닫는 세계를 구할 구원자가 있다는 이야기는 우리 귀를 솔깃하게 한다. 그리고 실제로 가끔 엉망이된 세계를 제자리로 돌려놓는 영웅적인 일을 하는 사람들이 있다. 데스몬드 투투Desmond Tutu는 모국의 부러진 뼈대를 맞추는 첫 단추로 진실 말하기 프로젝트truth telling project를 생각해 냈다. 마더 테레사Mother Teresa는 콜카타에서 죽어 가는, 버림받은 사람들에게 다가가 주님을 씻기듯 사람들을 씻겨 주었다. 하지만 사람들은 대부분 자신이 그 정도 수준은 되지못한다고 여긴다. 우리에게 그런 영웅적인 일을 할 시간이어디 있는가? 우리 대부분은 집을 깨끗이 하고 시시각각 날아오는 고지서를 처리하기도 벅차다.

오늘날 세상은 빠르게 달음질친다. 우리는 세상에 발맞추기 위해 세상이 우리에게 처리하라고 요구하는 사항들에 우리를 바친다. 우리는 경쟁하고, 성취하고, 무언가를 끊임없이 축적하고, 우리 자신을 방어한다. 그러면서 이런 생활을유지하도록 도움을 받고, 이런 생활 중에 일어나는 죄책감을추스르기 위해 상담사를 만난다. 그렇게 내 문제는 내가 처리하고 당신의 문제는 당신이 처리해야 하는 거라고 믿는다.

그리고 스스로 자신을 설득한다. 내면에서는 아픔이 커져 가지만(무언가 정말 중요한 부분이 사라져 가고 있다는 느낌이 들지만) 산다는 건 그런 거라고, 그 통증은 무언가 잘못되었다는 것을 알리는 징후가 아니라 매월 있는 월경통처럼, 혹은 치질처럼 그저 익숙해져야 하는 통증이라고 한다. 그것을 실존적인 불안이라고 하자, 인간의 조건이라고 부르자, 삶이라고 하자 한다.

그러나 그 아픔을 죄라고 부르기로 결단하면, 그 순간 현실을 지각하는 방식에 급진적인 전환이 일어난다. 무언가를 죄라고 부르는 행위는 그 무언가가 잘못되었음을 인정하는 일이며 그 단어가 요구하는 바를 받아들이겠다고 선택하는 일이다. 죄라는 단어는 (내가 죄인이라는 명시적인 고백을 하지는 않았더라도) 나의 나약함을 인정할 것을 요구한다. 그래서 무언가를 죄라고 부르는 것은 나에게 매번 지치는 일에 지쳤다고, 더는 이런 숨 막히는 고통 속에 한순간도 살고 싶지 않다고, 완전히 새로운 삶을 살기 위한 준비가 되었다고 고백하는 일이다. 이렇게 고백하기란 결코 쉽지 않으며 그러한 만큼 이 고백에는 희망이 담겨 있다. 죄를 고백할 때 우리는 앞으로는 달라질 수도 있다는, 현재 모습이 본래 우리 모습은 아니라는 것을 인정하는 것이다. 물론 이런 희망은 현재 서 있는 길에 대한 자신의 책임을 어느 정도 인정하는 데서 시작된다.

한 번이라도 이런 지점에 서 본 적 있는 이라면 달라지기로 결심한 며칠은 용광로처럼 타오르다가 점차 그 열기가 식으면서 '평상시'로 다시 돌아가기가 얼마나 쉬운지 알 것이다. 종종 그렇게 우리를 평상시로 되돌려 놓는 이는 우리가 가장 사랑하는 사람이다. 새로운 길을 걷겠다고 선언하면 그들은 이렇게 속삭인다.

"여보, 직장 그만두고 아이들과 더 많은 시간을 보내고 싶다는 마음은 이해해요. 그렇지만 맞벌이를 하지 않으면 우리는 지금 이 집을 유지할 수도 없어요. 6개월 정도 시간을 갖고 9월에도 같은 마음일지 다시 생각해 보는 게 어때요?"

"술을 너무 많이 마신다고? 친구, 너는 술을 너무 마시는 게 아니야. 그냥 너는 누군가를 경멸하지 않고 좋은 시간을 보낼 줄 아는 사람일 뿐이지. 술을 줄이겠다면 난 찬성이야. 그렇지만 아예 끊다니. 네가 아예 술을 끊으면 우리의 주말 모임은 어떻게 되는 거야? 우리는?"

작가 레이놀드 프라이스Reynolds Price를 아는 이가 있을지 모르겠다. 그는 1980년대 중반 희귀병인 척추암에 걸려 다리를 쓸 수 없게 되었다. 병은 자신의 몸에 닥친 위기였지만 영혼에 닥친 위기이기도 했다. 병이 삶을 통째로 바꿔야 한다고 요구했기 때문이다. 그를 가장 놀라게 했던 사실은 이 위기에 부딪혔을 때 주변 친구들이 이 위기를 거부하는 모습을 보였다는 점이다.

> 누군가가 중년에 큰 위기를 겪게 될 때 우리는 그가 이전의 삶으로 되돌아갈 수 없다는 사실을 거부하려 한다. 친구들은 그에게 반창고를 붙여 주며 그가 이전의 삶으로 되돌아가게 해 주려 노력한다. 정작 그가 들어야 할 조언은 "어제까지의 자네는 이제 죽었다네. 이제 내일부터 어떤 사람이 될지 생각해보게"인데 말이다.[2]

죄를 깨닫는 일도 마찬가지다. 지금 내 모습과 하느님이 창조하신 본래의 '나'가 얼마나 멀리 떨어져 있는지를 아는 순간, 그 간극에 아파하며 그 고통에 이름을 붙이고 더는 그렇게 살지 않겠다고 결단하는 순간, 우리는 어제까지의 내가

---

2 *Oxford Review* (July/August 1993).

죽었음을 알게 된다. 그리고 어제까지의 내가 아닌, 새로운 내가 되는 새로운 삶으로의 여정이 시작된다. 이때 '죄'란 눈에 보이는 특정 행위 즉 초콜릿을 훔치는 것, 다른 사람의 애인과 잠자리를 하고 침대 시트를 정돈하지도 않은 상태에서 나오는 것, 한때 푸르렀던 강에 누런 오염 물질을 쏟아 버리는 것, 고층 건물 사이에 있는 공터에 불을 피워 놓고 그 주위에 둘러앉아 있는 노숙자들을 외면하는 것이 아니다. 죄라는 단어를 듣고 머릿속에 떠오르는 그림은 사람마다 다르지만 그 말이 가리키는 경험은 하나다. 죄라는 말을 통해 우리는 눈에 보이는 사물 배후에 있는, 우리의 일부를 죽게 하는 경험을 들여다본다.

인간 실존 깊은 곳에는 진정한 삶으로부터 단절된 경험이 놓여 있다. 그 경험이란 누군가에게 잔인하게 취급받은 기억, 좀 더 깊은 차원에서는 누군가를 잔인하게 대한 기억이다. 또 인간 실존 깊은 곳에는 빛을 보고도 빛으로부터 돌아서 버렸던 기억이 있다. 그 빛이 너무 아름다워서 계속 보지 못했을 수도 있고, 어둡고 눅눅하기는 하지만 익숙해져 버린 어둠을 망칠 것 같아서 피했을 수도 있다. 인간 실존 깊은 곳에는 우리를 막아선 사랑하는 사람의 팔을 밀치고 금지된 과일을 따기 위해 손을 뻗었던 경험도 있다. 그저 우리가 그렇게 할 수 있음을 증명하기 위해서 말이다. 또 인간 실존 깊은 곳에는 세상에 믿을 사람이 없다고 생각해서든, 나 자신 외에 다른 봉사할 목적을 찾지 못해서든, 신이 없다고 생각해서든, 내 음식과 안위를 위해서라면 무엇이든 서슴지 않고 했던 경험이 있다.

이렇듯 모든 생명의 원천에서 치명적으로 분리되는 모든 경험을 그리스도교는 죄라 불렀다. 또 다르게는 죄를 하느님에게서 의도적으로 돌아서는 행위, 인간 실존의 불가피한 특성으로 정의하기도 했다. 어떠한 정의를 따르든 공통적으로 죄는 빛, 공기, 음식, 공동체, 희망, 생명, 의미에서 단절되는 경험이라 할 수 있다. 죄란 특정 행위라기보다는 그 행위로 인한 결과와 더 관련이 있다. 빛에서 멀어지는 길은 수천 갈래가 있으며 시대, 문화, 계급, 성에 따라 달라질 수 있다. 중요한 점은 어둠과 빛을 식별하고 어둠이 우리를 잠식하려 할 때 어둠을 몰아내는 일이다.

수년 전 설교 워크숍 때 한 여성을 만났다. 그녀는 회중 앞에 설 때마다 배가 쥐어짜는 것 같은 통증을 느낀다고, 어떨 때는 설교를 서둘러 끝낼 정도로 통증이 심하다고 말했다. 이야기를 듣던 중 모임에 참여한 다른 여성이 놀라운 이야기를 했다. "그건 죄에요! 무언가 당신의 배를 아프게 한다면 어딘가에 죄가 있는 겁니다." 예전에 그녀가 신뢰하는 지인도 같은 진단을 한 적이 있었기 때문에 우리는 감히 그 통찰을 따라 가보기로 했다. 이야기를 이어 가자 그녀가 설교자가 지녀야 할 자질에 대해 스스로 깊이 회의하고 있음이 드러났다. 그녀는 작은 소녀가 하는 이야기 따위는 대수롭잖게 여기는 가정 환경에서 자랐다. 그녀가 신학교에 입학하겠다고 할 때도 가족들은 완강히 반대했다. 게다가 교회 회중 중에는 그녀가 설교하는 와중에 말을 자르는 또래의 원수 같은 사람도 있었다. 그때까지만 해도 그녀는 자신의 문제를 죄라는 언어로 해석할 수 있다고는 생각하지 못했다. 그녀가 알던 죄는 주로 자기 확장self aggrandizement과 연결되어 있었기 때문이다. 모임에서 우리는 자기 확장만큼이나 자기 비하self-negation가 죄라는 걸 알게 되었다. 둘은 다르지만 같은 결과를 낳는다. 자기 확장이나 자기 비하 모두 공동체 안에서 하느님이 각 사람에게 주신 위치를 거부하게 하며 결국에는 생명과 건강을 잃게 한다.

넓게 보면 이 나라 전체에도 이러한 현상이 퍼져 있다. 겉보기에 미국은 분명 초강대국이지만 이 나라에 사는 사람이라면 누구나 이 나라의 속이 곪아 있음을 알고 있다. 미국은 지구 상에서 가장 부유하고 힘이 세다. 미국은 상대 국가의 동의도 받지 않고 경찰 국가로 활동하며 외국인 노동자를 고용해 자국에서 일하게 한다. 다른 나라를 여행하다 보면 미국인을 환영하지 않는 곳이 많다. 매년 미국에서 배출되는 음식물 쓰레기 양은 작은 나라에서 생산하는 음식물 양보다 많다. 약탈이라는 측면에서 미국을 따라올 국가는 없을 정도다. 농부이자 시인인 웬델 베리Wendell Berry는 말했다.

> 우리는 모두 자연을 약탈하며 살아간다. 소위 '일반적인 수준의 생활'을 이어가려면 이러한 약탈을 이어갈 수밖에 없을 것이다.[3]

대다수 미국인이 계급 없는 평등한 기회의 땅에서 산다는 환상을 품고 살아가는 와중에도 현실은, 법정, 감옥, 사회 복지 정책, 학교는 다른 이야기를 들려주고 있다. 사람들은 증오 범죄hate crime가 정말 범죄인지, 총기 살인이 일어날 때 '총기'가 정말 중요한 부분을 차지하는지를 두고 논쟁을 벌인다. 믿기 어렵지만 현실이 그러하다. 한편 과학 기술의 발달은 부자를 더욱 부자로 만들어 줄 뿐 아니라 가난한 사람을

---

3  Wendell Berry, *What Are People For?* (Berkeley, Calif.: North Point Press, 1990), 201.

더 가난하게 만드는 데 기여하고 있다. 개인용 컴퓨터를 사용한 1세대들은 컴퓨터를 가진 동급생을 따라잡기 위해 고군분투했다. 이내 컴퓨터는 미국에서 자동차에 필적하는 생필품으로 자리 잡았고 이러한 변화는 컴퓨터 회사 주주들에게는 기쁨을, 최저 생계 수준에서 살아가는 이들에게는 절망을 가져다 주었다. 최근 보고에 따르면 빌 게이츠Bill Gates의 자산은 전체 미국인 43%의 재산을 합친 금액이라고 한다.

새로운 기술은 지구에 실질적인 영향을 미치고 있다. 이제는 상공이나 해저뿐 아니라 보이지 않는 공간에서도 폐기물이 발생한다. 더는 사용하지 않는 컴퓨터, 전축, 비디오 재생기, 전화 체계는 새로운 형태의 폐기물을 만들어 내고 있다. 이러한 현실을 두고도 오늘날 우리가 가장 관심을 가져야 할 문제가 성 문제나 교회법 위반이라고 주장하기는 힘들다. 오늘날 가장 커다란 죄는 우리가 하는 어떤 행동보다도 우리가 돈을 벌고 소비하고 투자하는 방식에 있다.

참회는 관계를 회복하겠다는 결단에서 시작된다. 참회는 공동체를 통해 하느님이 '나'에게 주신 자리를 받아들이고 공동체를 이루는 모든 구성원의 삶이 더 나아지도록 돕는 삶을 선택하는 것이다. 두말할 것 없이 이러한 선택에 뒤따르는 변화의 과정은 고통스럽다. 이 때문에 우리는 참회보다 후회remorse를 선호한다. 잘못된 행동을 멈추고 다른 행동을 하기보다는 "미안해, 미안해. 내가 한 일은 정말 끔찍한 일이야"라고 말하며 그 자리에 머무르는 일이 훨씬 편하다. 언젠가 한 현명한 상담가는 내게 만성적인 죄책감은 실제적인 변화를 꾀하는 대신 치르는 대가라 말해 준 적이 있다. 자신이 저지른 일에 대해 충분히 잘못했다고 느꼈으니 그걸로 되었다고, 그래서 행동을 바꾸지는 않아도 된다고 생각하는 것이다.

좀 더 나아가 죄책감이라는 감정을 느끼는 데 너무 많은 에너지를 쓴 나머지 지쳐서 다시금 죄에 빠져들기도 한다. 죄는 우리에게 익숙한 위안을 선사하는 유일한 것이기도 하기 때문이다. 프랑스 철학자 시몬 베유Simone Weil는 말했다.

모든 죄는 공허를 채우려는 시도다. [*4]

우리 내면에는 텅 빈 곳(공허)이 있으며 이를 채울 수 있는 분은 하느님뿐이다. 우리는 공허감을 견디기 힘들어 이곳을 무언가 다른 것들로 가득 채워 보려 하지만 채워지지 않는

---

4  Simone Weil, *Notebooks of Simone Weil* (London: Routledge and K. Paul, 1956), 149.

다. 공허의 공간은 모든 대체품을 거부하고 차라리 비어 있는 채로 있으려 한다. 이곳은 하느님만이 채워 주실 수 있는 거룩한 공간이다. 우리가 이 텅 빈 공간을 다른 것으로 채우려는 시도를 멈추고 그 비어 있음을 존중할 때 우리는 하느님이 초대하시는 새로운 삶을 살 준비가 되었다고 할 수 있다. 이 초대에 대한 응답은 우리 한 사람 한 사람이 가진 죄만큼이나 다양하다. 하지만 이 응답이 말이 아닌 행동으로 표현되며 아무것도 하지 않은 채 회한에 잠기는 것이 아닌, 잘못을 고쳐 나가기 시작하는 일이라는 점에서 모든 응답은 같다. 그러한 면에서 나는 흔히 말하듯 죄가 우리의 적이라 믿지 않는다. 우리가 죄를 죄로 인지하고 죄를 죄라 부르기 시작한다면 말이다. 우리가 하느님으로부터 돌아서 있음을 보게 될 때, 그때에만 우리는 다시 돌아설 수 있다. 죄는 우리의 유일한 희망, 진정한 회개의 가능성으로 우리를 깨우는 첫 번째 경고음이다.

# 참회를 회복하기

대부분의 그리스도교 교파에서는 예배 중에 죄를 고백하는 순서가 있다. 특히 전통적으로 교회는 사순절 기간 참회의 분위기를 고조하곤 했다. 사순절Lent은 고어로 봄이라는 의미를 지닌 단어에서 유래했다. 이 절기가 봄에 시작되기도 하지만 영적인 삶에서도 새로운 시작을 뜻하기 때문이다. 사순절은 부활절 전 6주 동안을 지키며 새 생명을 축하하는 그리스도교의 위대한 축제다. 사순절 기간 우리 영혼의 땅속에 묻혀 있던 딱딱한 구근球根은 꽃으로 만개한다. 능숙한 정원사라면 새 생명에 얼마간 도움이 필요하다는 것을 알고 있다. 생명 그 자체는 전적으로 하느님의 선물이지만 이 생명을 자라나게 하는 일에는 우리의 수고가 따른다. 밭을 갈고 비료를 주어야 하며 잡초를 뽑고 죽은 가지를 가지치기해 주어야 한다. 이러한 의식적인 돌봄이 없으면 꽃은 주변에 있는 독초로 인해 죽어 버리거나 알풍뎅이가 그 열매를 다 먹어 버리고 만다.

초기 그리스도교인들은 사순절 기간을 영혼을 다시 푸르게 만드는 시간으로 여겼기에 참회와 금식으로 사순절을 시작했다. 그리스도교 신앙으로 회심한 사람은 부활절 전날 거룩한 세례를 받을 준비를 했고, 공동체에서 추방되거나 분리되었던 사람은 다시 공동체로 부름받았다. 부름을 받아들이기로 결단한 사람은 이 부름에 단순히 그 자리에 참여하는 것 이상의 요구가 담겨 있음을 알고 있었다. 사순절 기간 그들은 엄숙하게 자기를 돌아보고 참회하는 회중 모임에 참여했다. 모임을 하며 그들은 하느님에 대한 자신의 믿음을 새롭게 하고 구성원들과의 유대감을 회복하고자 했다.

사순절은 부활절 40일 전 수요일에 시작되는데, 이날을 '재의 수요일'Ash Wednesday이라고 부른다. 이 말은 사순절 첫날 재축복식 때 재를 이마에 바르는 행위에서 유래했다. 이때 회중은 앞에 나가 제대 앞에 무릎을 꿇는다. 그러면 사제가 재가 담긴 작은 그릇에 엄지손가락을 담갔다가 꺼내어 한 사람 한 사람 이마에 십자가 모양을 그린다. 사제는 말한다.

인생아 기억하라, 그대는 흙이니 흙으로 돌아가리라.

회중은 답한다.

아멘.

어떤 식으로 하든지 이는 정신을 번쩍 들게 하는 선언이다. 건강한 사람이 듣기에도 불편한 말이고 세 살 어린아이나 항암 치료를 받느라 수척한 사람에게 선언하기에는 너무 잔인한 말이라는 생각도 든다. 어떻든 이 선언은 죽음에 관한 우리의 기만을 걷어 내 버린다. 죽음은 이제 이론이 아닌 현실이 된다. 우리가 각자에게 주어진 삶이라는 무대를 어떻게 채색해 놓았든 재의 수요일은 커튼을 걷어 뒤에 있는 벽을 보게 한다. 그 벽은 우리 모두에게 놓여 있으며 모두의 말문을 막지만 동시에 우리를 하나로 연결해 준다. 우리는 모두 흙에서 왔고 흙으로 돌아갈 것이다.

세례를 받는 이에게 성수로 그린 십자가 위에 재로 그리는 십자가가 있음을 알려 주면 어느 정도는 위로가 될지도 모르겠다. 새로운 생명에 대한 약속 위에 죽음을 기억하는 행위가 놓여 있다. 이 약속은 재의 수요일 예배를 드릴 수 있도록 용기를 준다. 예배가 시작되면 시편 51편('하느님 나를 불쌍히 여기소서')을 읽은 후 모든 회중이 함께 참회의 기도를 드린다. 기도를 통해 우리는 우리 자신의 죄뿐 아니라 온 세계의 죄를 고백한다. 기도문에는 12개가 넘는 죄가 나온다. 우리는 이웃을 사랑하지 않았음과 이웃을 섬기라는 하느님의 부름에 귀가 먹었음을 고백한다. 자신에게 함몰되어 있는 욕망과 그러한 욕망으로 살아온 삶의 방식을 고백하고 우리 자신보다 운이 좋아 보이는 사람을 질투했음을, 기도와 예배, 신앙을 회복하는 데 게을렀음을 고백한다. 그리고 하느님을 향해 진실로 변하고 싶다고 간구한다.

> 우리는 온 마음과 정신과 힘을 다하여 주님을 사랑하지 않았으며, 자신처럼 이웃을 사랑하지 않았고, 용서받은 것처럼 남을 용서하지 못했나이다.
> **주여 우리를 불쌍히 여기소서.**

> 그리스도께서 우리를 섬기셨듯이 우리도 서로 섬기라 하신 명령에 무관심하였고, 그리스도의 뜻에 진실하지 못했으며 주님의 성령을 슬프게 했나이다.
> **주여 우리를 불쌍히 여기소서.**

주여, 주님께 고백하오니, 우리는 지난날 불충하고 교만하고 위선적이었으며, 생활 속에서 참을성이 없었고, 자신의 욕망대로 살며 사리사욕을 위해 남을 이용했나이다.

**주여, 우리의 잘못을 고백하나이다.**

우리가 좌절하여 분노하고 남의 행운을 시기했으며, 세상 안락과 평안만을 너무 사랑하였고, 직업과 일상 생활에서 정직하지 못했으며, 또한 기도와 예배를 게을리하고 마음속에 믿음을 세우는 일에 소홀히 했나이다.

**주여, 우리의 잘못을 고백하나이다.**

주여, 우리가 회개하오니, 그릇된 판단으로 이웃에 대하여 자비심이 없었고, 편견을 가지고 생각이 다른 이들을 경멸했나이다.

**주여, 우리의 회개를 받아주소서.**

우리가 다른 이들의 궁핍과 고통을 돌보지 않았으며, 불의와 폭력에 무관심하고 주님의 창조물을 훼손하고 낭비하며, 후세대를 배려하지 않았나이다.

**주여, 우리의 회개를 받아주소서.**

주여, 진노하심을 거두시어 우리를 새롭게 하시고, 구원의 역사가 우리 가운데서 이루어져 주님의 영광을 이 세상에 드러나게 하소서.

**주여, 우리의 기도를 들어주소서.**

하느님의 아들 예수 그리스도의 십자가와 수난으로 인하여, 우리로 모든 성인과 함께 참여하게 하소서.

**주여, 우리의 기도를 들어주소서.**[1]

기도를 마친 뒤 집전하는 사제는 성호를 긋고 진심으로 참회하는 이와 거룩한 복음을 믿는 이에게 하느님의 용서와 죄 사함을 선포한다. 예배를 마친 뒤 우리는 비틀거리며 눈물을 삼키고 교회 문밖으로 나아간다. 문밖에는 다시 우리가 해야 할 일이 있는, 다시 달려야 하는 세상이 있다.

재의 수요일 예배를 마치고 밖으로 나오면 사람들은 '뭐지?'하는 표정을 지으며 우리를 바라본다. 간혹 친절하게 이마에 뭐가 묻었다고 말해 주는 사람도 있다. 실제로 하지는 않았지만, 그럴 때면 나는 이렇게 답해주고픈 충동을 느낀

---

1  *The Book of Common Prayer*, 268.

다. "네, 알아요. 이 재는 저의 죽음을 말하는 거예요. 오늘 하루만큼은 이 모습을 보여 드리고 싶네요." 혹 재의 수요일이 크리스마스처럼 상업화되지는 않을까 염려하는 이가 있다면 안심해도 좋다. 홀마크가 재의 수요일의 시장 가치를 조사하거나 이 날을 위해 디자인을 하는 데 돈을 쓰는 일은 결코 없을 것이다. 옷가게 주인들이 진열장에 세워 둔 마네킹에 상복을 입히고 재를 바를 리 또한 만무하다. 참회가 문화적으로 유행할 가능성은 거의 없다. 재의 수요일은 교회에서도 이른바 '팔리는' 소재가 아니니 말이다.

작년 재의 수요일 예배를 드리고 나서 나는 쇼핑을 하고 모임에 참석한 뒤 차를 타고 집으로 돌아와 저녁 식사를 준비했다. 이 모든 일을 하는 중에 나는 정오에 했던 회개가 얼마나 가치가 있었는지 스스로 돌아보았다. 예배 때 나는 사람들의 고통과 필요에 눈감았음을 회개했지만, 차를 타고 오는 와중에 다시금 교차로에 있던 노숙자를 그냥 지나쳤다. 예배 때 나는 나와 다른 이를 향한 멸시를 회개했지만, 그다음 모임에서 내 의견을 묵살한 이를 경멸했다. 예배 때 나는 창조물을 오염시키고 더럽힌 것을 회개했지만, 그 회개가 내 낡은 파나소닉 프린터를 고물 더미에 버리고 HP 오피스젯 프린터를 새로 사는 일을 막지는 못했다. 문제는 전혀 해결되지 않았다.

나는 '참회'라는 말이 무슨 의미인지 확신하지 못하게 되었다. 행동으로 옮겨지지 않는, 말로만 하는 고백은 그다지 의미가 없어 보였다. 게다가 개인이 잘못에서 돌아서고자 한들 공동체가 그를 지지하지 않으면 그 결심은 결국 실패로 돌아가고 마는 듯했다. 함께 무릎을 꿇고 실패를 정직하게 고백하며 하느님의 높은 부름을 따라 살겠다고 결단하는 의식은 뭔가 강력하기는 하지만, 그 모든 일을 한 후에 각자 차를 타고 각자의 길로 흩어진다면 그런 참회에 하느님께서 정말 관심하실지 모르겠다.

수년 전, 나는 말과 행동을 잇는 다리를 놓아 보기로 결심했다. 한 친구에게 이 결심을 지지해 달라고 부탁했고 함께 계획을 세웠다. 각자 삶에서 변화가 필요한 부분을 바꾸어 나가되 시작은 작게 하기로 했다. 어떤 변화를 원하는지 명확히 하고(나는 약속 시각을 정확하게 지키고 싶었다), 그 일이 왜 중요한지도 명시했다(나는 내가 한 말을 지키고 싶었다. 또한 짧은 시간에 너무 많은 일을 욱여넣어서라도 해내려는 강박증을 고치고 싶었다. 이러한 욕구는 내가 무엇이든 잘 해낼 수 있다는, 나 자신을 숭배하는 환상과 연결되기 때문이다).

그러고 난 뒤 우리는 변화를 끌어내기 위한, 구체적인 실천 방안을 한두 가지 정했다(내 경우는 모든 시계를 5분 빠르게 맞추어 놓기였다. 이렇게 하면 나는 예상 시각보다 10분 먼저 차를 탈 것이고 그러면 약속 시각보다 일찍 도착할 수 있게 될 것이다. 내 시간은 어느 정도 낭비하게 되겠지만 말이다). 마지막으로 매주 주일 상대방에게 전화해서 진행 상황을 이야기하기로 했다.

변수는 마지막 단계였다. '이번 주에는 꼭 약속 시각을 지키겠어'라고 혼자 결심하는 것과 다른 사람에게 "주일에 전화해서 내가 실제로 그렇게 했는지 이야기해 줄게"라고 이야기하는 것은 큰 차이가 있다. 친구가 나를 재촉하기 때문이 아니다. 그녀는 단 한 번도 나를 재촉하지 않았다. 재촉하는 일이 자신의 역할이 아니란 건 그녀도 알고 있었다. 그녀는 그저 내가 무슨 말을 했는지를 상기시켜 변화에 강력히 저항하는 내게 새로운 시도를 이어 가도록 격려해 주었을 뿐이다.

이 과정에서 나는 내가 결심한 내용을 그대로 실천하지 못하고 실패하는 나 자신에게 더 공감을 해주고 있음을 알게 되었다. 약속 시각에 늦는 다른 사람들에게도 "저도 항상 늦어요. 저란 사람도 참 엉망이에요"라며 공감을 보내 그들의 공감을 얻었다. 한편 나는 좀처럼 변하지 못하는 나 자신에게 벌을 주는 일에도 익숙했다. 약속 시각을 어길 대로 어겨

기어이 누군가에게 "이제 기다리다 지쳐 내가 널 왜 보고 싶어 했는지 기억도 안 난다"는 말을 들은 적도 있다. 헌데 새로운 삶을 만들어 나가는데 "달라지고 싶다고? 멋지다! 내가 도와줄게"라는 말을 듣는 건 익숙지 않았다. 친구와 함께하는 동안 나는 나 자신의 실패에 공감하는 일, 나 자신에게 벌을 주는 일보다 이웃에게 변화에 대한 바람을 이야기하고 이를 행동으로 옮기며 그의 지지를 받는 일이 변화의 여정을 더 수월하게 만들어 준다는 사실을 배웠다.

앞서 언급했던 의학 모델과 법률 모델을 떠올려 보자. 앞에서 나는 이 모델들이 교회에도 적용되고 있음을 말한 바있다. 얼핏 생각하면 교회가 병원처럼 작동하는 곳이라면 좋을 것이라고 생각할지도 모른다. 의학 모델에 따르면 교회는 병원처럼 죄인을 환자로 간주하고 우리가 모두 걸린 병을 따뜻하게 치료해 주는 곳이다. 그러나 이 모델에서 교회의 처방은 대체로 일시적이다. 환자들도 온전한 치유를 기대하지 않는다. 어쩌면 이 때문에 이 모델을 따르는 교회들이 개인의 죄를 그다지 강조하지 않는지도 모른다. 의학 모델을 따르는 교회는 말하자면 '아무도 잘못이 없다'는 신학을 취한다. 모두가 비극적인 상황에 놓여 있으므로 누구에게도 책임을 물을 수 없다고 이들은 말한다.

한편 법률 모델을 좇아 교회가 법원처럼 작동하더라도 단순하기는 마찬가지다. 법원에서는 죄인이 누구인지, 어떠한 죄를 저질렀는지를 밝히고 범죄의 내용에 따라 이에 걸맞은 처벌을 한다. 법률 모델에 따르면 교회도 그런 곳이다. 인간이 전적으로 잘못했다고 생각하는 신학적 관점에 서 있는 사람들은 대체로 그리스도교 교회에 속하지 않은 사람들을 죄인으로 규정한다. 때때로 정죄의 화살은 교회 내부에 있는 약자를 향하기도 한다. 내가 아는 한 교회에서는 십 대 미혼모를 회중 앞에 세워 두고 공개적으로 비난하기도 했다.

진정한 참회는 두 모델이 제시하는 해결책(치료, 정죄와 심판)과는 다르다. 교회는 병원이 아니다. 참회를 했다면 죄와 사이좋게 지내는 일이란 불가능해진다. 참회는 개인이 자신의 잘못을 돌이키는 일에서 시작해 이 세계의 문제에도 함께 책임을 지도록 그 사람을 초청하고, 회복의 길을 걷고 있는 이들의 대열에 합류하도록 이끈다. 진정한 참회가 일어나는 교회는 법정처럼 작동하지도 않는다. 참회는 희생양을 지정해 그를 벌주는 일이 아니다. 오히려 참회는 공동체에 소속된 한 사람 한 사람이 자신의 죄를 잊지 않고 잘못을 고쳐 나가며 화해를 이루는 데 참여하도록 우리를 초청한다. 하느님은 괴롭히거나 모욕하기 위해 죄인을 부르지 않으신다. 그분은 당신의 생명으로 회복하기 위해 죄인인 우리를 부르신다.

우리가 대체로 죄를 용인하거나 정죄하는 쪽으로 치우치기 때문에 죄를 용인하지도, 정죄하지도 않는 제3의 교회를 찾기 힘들다는 사실이 그리 이상하지는 않다. 제3의 교회란 병원이나 법정 같은 교회가 아닌, 변화를 도모하는 공동체로서의 교회, 모든 구성원이 새로운 삶을 살 수 있도록 서로 지지하고 기대하는 교회일 것이다.

나 또한 그런 교회를 경험해 본 일이 많지 않기 때문에 나눌 경험도 그리 많지는 않다. 몇 가지 드문 예를 들어본다면 우선 워싱턴 D. C.에 있는 세이비어 교회the Church of Savior를 들 수 있다. 나는 작년에 이 교회를 방문했다. 세이비어 교회는 예수 그리스도의 이름으로 인도되는 변화에 헌신하는 공동체. 50여 년 전 고든 코스비Gordon Cosby 목사가 교회를 개척한 이래 세이비어 교회는 워싱턴 이웃 지역인 애덤스 모건Adams Morgan에 초점을 맞추고 활동해 왔다. 이곳은 저소득층인 에티오피아, 라틴, 앵글로 아메리칸이 살고 있어 워싱턴에 사는 사람들은 잘 가지 않는 곳이다. 전통적인 교회와는 달리 세이비어 교회는 여러 독립적인 신앙 공동체가 모여 하나의 교회를 이룬다. 각 공동체는 삶이 일그러진 사람들을 온전히 회복시키는 일에 헌신하며 각자의 소명을 감당하고 있다. 그 결실은 교회 주변 거리를 쓰윽 둘러보기만 해도 알 수 있다. 컬럼비아 로드 진료소Columbia Road Health Services는 치료받아야 하는 사람이라면 누구나 이용할 수 있도록 의료 서비스를 제공한다. 그리스도의 집Christ house은 노숙인들의 회복을 위한 공간이며, 카이로스의 집Kairos House에서는 이 땅에서는 더 나아질 가능성이 없는 37명의 병든 노숙인에게 세상을 떠날 때까지 머무를 수 있는 집을 제공한다. 패밀리 플레이스The Family place는 신생아와 유아, 그리고 가족 전체 구성원들을 위한 서비스를 제공하고, 선한 목자 공동체 Good Shepherd Ministries는 100명 이상의 아동, 청소년을 위한 교육과 여가 프로그램을 진행한다. 사마리아 여관Samaritan Inns은 약물이나 술에 중독된 이들이 삶을 다시 회복하도록 돕는 곳이며, 희년 주거 사역Jubilee Housing 활동가들은 저소득층 가정을 대상으로 8개의 건물에 있는 284채의 집을 임대하고 있다. 집은 시세의 40% 이하 가격에 제공한다. 희년 직업 센터 Jubilee Jobs는 가난한 사람들이 일을 구할 수 있도록 도와 주며, 사라의 모임Sarah's Circle은 노인들을 위한 주거 공동체다.

놀라운 기관들이기는 하지만 당신은 이 기관들과 참회라는 단어가 곧바로 연결되지 않는다고 생각할지도 모르겠다. 그러나 이러한 활동은 모두 부자와 가난한 자가 서로를 소외

시키는 죄(이러한 소외는 현대 문화에서 다른 어떤 죄보다도 커다란 비중을 차지하는 죄이다)를 멈추는 것을 목표로 한다. 세이비어 교회에서 하는 일은 자선 사업이 아니다. 그들은 이를 분명하게 밝힌다. 그들은 다만 특권을 가진 사람과 권리를 빼앗긴 사람 사이를 가로막은 벽을 부수고 서로가 서로 안에 있는 하느님을 발견하도록 돕고 있을 뿐이다.

세이비어 교회 공동체의 주춧돌이었던 엘리자베스 오코너Elizabeth O'Connor는 생전에 애덤스 모건 지역 거리를 걷다 보면 이따금 새 예루살렘이 하늘에서 임하는 것을 살짝이나마 엿볼 수 있다는 이야기를 한 적이 있다. 교회를 소개하며 그녀는 썼다.

이 거리에는 여러 대륙에서 온, 다양한 언어가 있습니다.
그러나 우리는 여전히 서로를 이해할 수 있습니다.
이 거리에는 세계 각지에서 온 난민들이
편안하게 머리를 뉘일 수 있는 곳이 있습니다.
자신의 아이를 안아 줄 수 있는 곳이 있습니다.
접이식 탁자와 작은 물건과 같은
자신의 물품을 팔 수 있는 곳이 있습니다.
이 거리에서는 마음에 상처를 입은 사람이

이 가게 저 가게를 헤매고 다녀도 그를 타박하지 않습니다.

이 거리에는 젊은이와 노인이

함께 머물 수 있는 곳이 있습니다.

상처 입은 사람을 안아주며

아픈 사람을 치료하는 곳이 있습니다.

이곳에서 기쁜 소식이 울려 퍼지고 있습니다.

우리의 죄 중에도, 슬픔이 무겁게

우리를 짓누르는 와중에도 말입니다.

우리는 용기를 내어 말합니다.

하느님께서 당신의 백성을 이곳으로 부르셨다고.

그분의 이름은 '임마누엘'이라고.[2]


세이비어 교회보다는 규모가 작지만 그 못지않은 인상을 남긴 교회는 최근 방문한 작은 장로교회였다. 나는 한 청년이 술을 끊은 지 2년이 된 것을 축하하기 위해 교회 지하에서 열린 AA에 참석했다. 2년 전 그는 약물과 술에 취한 상태로 운전하다 사고를 냈다. 차는 부서지고 그도 겨우 목숨을 건졌다. 그리고 다행히도 법원은 그에게 재활 프로그램에 참여

---

2  'An Invitation to Jubilee', published by Jubilee Ministries, 1640 Columbia Road NW, Washington, D.C., 2009.

하라는 명령을 내렸다. 긴 가석방 기간 동안 프로그램에 열심히 참여했고 이제 그는 AA의 중요한 구성원이 되었다.

내가 모임에 참석한 날 밤, 그의 부모와 남동생도 거기 있었다. 한 시간 동안 우리는 자기를 변화시키려 애쓰고 있는 이들과 이야기를 나누었다. 주인공 청년은 솔직한 어투로 자신이 저질렀던 자기 파괴적인 행동에 관해 이야기했다. 그는 자기 가족을 속였으며 친구도 속였다고 말했다. 지금도 때때로 이전에 살던 방식으로 돌아가고픈 강한 유혹을 받는다고도 이야기했다.

이야기를 들은 사람들은 고개를 끄덕였다. 심지어 몇몇 사람은 청년이 이야기하는 와중에 끼어들어 청년이 했던 추한 행동들을 언급하기도 했다. 이야기를 나누는 도중, 나는 몇 번이나 그의 어머니를 향해 박수를 보내고픈 충동을 느꼈다. 아들을 두고 심술궂은 이야기가 오가는 게 안타까워서가 아니라, 자기 바로 앞에서도 솔직했던 다른 사람들의 모습을 그녀가 잘 받아들이고 있었기 때문이다.

한편 이들이 대화하는 모습을 볼 때 내 마음에서 일어나는 일을 살피며 나는 알게 되었다. 나는 의식으로는 진실이 진정한 변화의 동력이라 믿지만, 무의식으로는 진실을 두려워하고 있었다. 심지어 모든 구성원이 어떤 발언을 해도 받아들여 주는, 안전한 장소에서조차 그랬다. 나는 무엇을 두려워했던 것일까? 자신을 드러내는 일, 내가 누구인지를 들여다보는 일, 그리고 그 모습이 그리 아름답지 않을 것이라는 진실과 마주하는 일이 두려웠던 것 같다.

모임에 참여하는 이들은 서로가 서로에게 자신을 정직하게 드러내는 일이 자신들을 살게 한다고 믿고 있었다. 모임은 구성원들이 대화 중에 서로의 솔직한 모습에 대한 자신의 마음을 거리낌 없이 말하는 것을 용인했다. 모임에 참여한 이라면 누구나 이러한 경험이 이 모임에 계속 참여하게 만드는 이유임을 알고 있었다. 서로의 이야기를 그처럼 정직하게 나눌 수 있는, 그래도 되는 곳이라는 데 서로가 동의하는, 그래서 진실이 만들어내는 기적 같은 변화를 경험할 수 있는 곳은 너무나 드물다.

나는 세이비어 교회 구성원들과 AA에 참여한 이들이 모두 자기변명을 하지 않는다는 것에 놀랐다. 그곳에서는 누구도 서로를 탓하지 않았다. 변화라는 건 가당치 않다며 대화에 찬물을 끼얹는 이도 없었다. 세계에서 살인 사건이 가장 많이 발생하는 곳에서 이웃들과 함께 사는 사람들이든, 중독의 신과 싸우고 있는 사람들이든, 그들은 새로운 삶이 가능하다고 믿었다. 그리고 새로운 삶을 구현하는 일은 공동체 구성원 모두의 책임이라 생각했다.

구원salvation이라는 단어에는 새 생명과 그 생명에 이를 수 있다는 약속의 의미가 모두 담겨 있다. 구원의 어근은 '살루스'salus이며 이 말은 건강health을 뜻한다. 이렇게 볼 때 구원은 의학 모델과 연결되는 지점이 있다. 그러나 구원 계획은 의학 모델에서 이야기하는 것보다 훨씬 광범위하다. 구원이라는 차원에서 몸의 건강은 정신의 건강, 영혼의 건강과 분리될 수 없으며 개인의 건강은 공동체의 건강, 인류의 건강, 지구의 건강과 연결되어 있다. 히브리 성서에서 구원은 모든 피조물을 치유하고자 하시는 야훼께서 주신 평화의 선물이다. 그리스도교에서 구원은 아버지 하느님과 같은 뜻을 품은 아들 예수 그리스도를 통해 보내진 선물이다.

많은 사람이 특정 신조에 지적으로 동의하는 행위가 구원이라고 생각하는 실수를 저지른다. 이건 내가 30년 전 저질렀던 실수이기도 한데, 그리스도의 주권을 인정하는 일을 구원이라고 생각하기도 한다. 조심스럽지만, 나는 예수가 이러한 동의나 인정을 구원이라 여길지 잘 모르겠다. 분명, 예수 그리스도께서는 우리를 구원하신다. 그러나 구원은 연금술이 아니다. 우리 편에서 응답이 있어야 한다. 내가 성서를 바르게 읽었다면 구원은 질병이나 중독에서의 회복, 잘못에 대한 용서, 오랜 원수와 이룬 화해, 기근의 시대에 서로 나눈 음식, 가난한 자들에게 구현되는 정의라 말할 수 있지 않을까? 어떠한 의미로든 구원은 죄 된(병든) 세상에 회복이 도래하는 사건이다. 예수의 활동은 이러한 회복이 얼마나 풍요롭게 이루어지는지를 보여 주었으며 이 활동 속에서 그는 여전히 현존한다. 그렇지 않다면 우리는 설사 회복되어도 이를 그저 좋은 일이라고, 운이 좋았다고 말할 것이다. 그러나 우리는 그 회복이 우리 너머에서 우리에게로 찾아온 일임을 알고 있다. 회복이라는 사건이 일어나기 위해서는 우리가 전적으로 참여해야 하지만, 우리의 참여만으로는 이 사건을 온전히 설명할 수 없다. 때로 너무나 놀라운 이 회복을 우리는 은총이라고 부를 수밖에 없다.

그렇다면 우리가 구원을 찾아 헤매도록 만드는 힘은 무엇인가? 무엇이 죄를 회개하도록 우리를 추동하는가? 이 물음에 대한 답은 이 책을 읽는 독자 수만큼이나 다양할 것이다. 나는 모든 세대에는 그 세대 고유의 지옥이 있다고 믿는다. 현대인에게 놀라운 사건이 이전 세대에는 별다른 감흥을 일으키지 않는 사건일 수 있으며, 중국 그리스도교인이 두려워하는 것과 케냐 그리스도교인이 두려워하는 것은 다를 수 있다. 복음 자체는 어디서 선포되든지 같겠지만 그 메시지를 듣는 사람들은 모두 다르다. 각 문화는 말하고 듣고 살고 삶을 이해하는 나름의 방식을 갖고 있으며 이에 따라 듣는 귀도 다르게 빚어진다.

북미에서 그리스도교인이 된다는 것의 의미를 연구하는 데 평생을 바친 캐나다 신학자 더글라스 존 홀Douglas John Hall 은 특히 미국과 캐나다의 상황에 주목했다. 그는 우리 각자가 두려워하는 바가 다르며 이전 세대가 두려워하는 바, 현 세대가 두려워하는 바도 다르다고 말했다. 이를테면 현대인인 우리는 기대 수명이 마흔 남짓이었고 사회 안전망이라고는 가족밖에 없었던 시대를 살았던 사람들만큼 죽음을 두려워하지는 않는다. 그리스도교의 영향력이 막강했던 백 년 전과 비교하면 우리는 지옥에 갈 것이라는 경고에 별다른 위협을 느끼지 않는다. 홀에 따르면 오늘날 우리가 두려워하는 건 우리 존재에 아무런 의미가 없다는, 우리가 그저 우연히 생겨났을 뿐이며 실은 지구에 더는 필요한 종이 아닐지도 모른다는 불안이다. 이러한 의혹이 오늘날 현대인들을 갉아먹고 있다고 그는 말한다.[3]

홀의 설명에 따르면 사람은 자신이 무가치하다고 느낄 때,

---

3   Douglas John Hall, *Why Christians? For Those on the Edge of Faith* (Minneapolis: Fortress, 1998), 47.

그러니까 의미 있는 일을 하지도, 의미 있는 관계를 맺지도, 삶에 어떠한 목적도 찾아내지 못할 때, 그래서 자신의 힘을 모두 쏟을 만큼 커다란 목적을 찾는 데 실패할 때 파괴적으로 변한다. 이것이 밖으로 표출되면 범죄나 폭력이 되고, 안으로 파고들면 우울증이나 중독이 된다. 어떠한 방식으로 나타나든 무의미의 공격은 우리가 참회에 이르게 만드는 중요한 동기가 되며 구원은 삶의 목적을 발견하는(또는 재발견하는) 사건이 된다.

　누군가는 홀의 분석이 너무 추상적이라고 말할지도 모른다. 무슨 일을 해야 하고 무슨 일을 하지 말아야 하는지(달리 말하면 무엇이 죄고 무엇이 죄가 아닌지)에 대해 명확한 답을 원하는 이들이라면 더욱 그럴 것이다. 그러나 홀의 분석에는 우리가 잃어버린 언어를 어떻게 찾을 수 있는지, 우리의 위대한 전통이 어떻게 되살아날 수 있는지 조언한 틸리히에 대한 존중이 담겨 있다. 잃어버린 언어를 되찾기 위해서는 언어의 본래 의미를 이해하는 것만으로는 부족하다. 우리는 그 언어가 처음 잉태된 곳, 그 언어가 생명력으로 충만했던 곳, 즉 인간 경험의 심연까지 나아가야 한다. 이는 한 세대가 할 수 있는 일도, 개인이 할 수 있는 일도 아니다. 교회에게는(또한 설교자에게는) 이 단어의 깊이를 선명하게 드러내고 단어와 단어가 묘사하는 실재 사이에 불꽃이 피어나도록 도울 책임이 있다.

홀의 말을 빌리자면 교회는 하느님께서 인간을 무의미에서 구원하시는 공동체로써 존재한다. 교회는 우리가 누구이며 무엇을 위해 살아야 하는지 상기시켜 주는 공동체다. 또 교회는 그분이 주신 고귀한 소명으로부터 도망치려는 사람들이 자신의 소명을 깨닫도록 하기 위해, 각자가 지닌 능력에 걸맞게 삶의 목적을 향하도록 돕기 위해 존재한다. 또한 교회는 하느님이 이러한 활동을 하실 수 있게 하기 위해, 우리가 우리의 죄를 직면하지 않고 생명에서 돌아선 현장과 다양한 방식으로 우리 자신을 파괴하는 경험에서부터 생명으로 돌아서도록 지지해 주는 공동체가 되기 위해 존재한다. 교회는 우리의 두려움을 내려놓는 곳, 우리의 굳어 버린 마음을 여는 곳, 고립에서 벗어나는 곳, 꿈을 잃은 마음을 돌이킬 수 있는 곳, 그리하여 충만한 삶을 회복하는 곳이다.

신앙이라는 길 위에서 하느님께서 주시는 은총이란 단순히 절망에 빠진 죄인에게 신적인 용서를 계속 베푸시는 것만을 뜻하지 않는다. 그분의 은총은 우리에게 신비로운 힘을 주며 그 힘으로 우리는 변화를 일구어 가기 시작한다. 회개란 하느님이 주신 힘으로 행동하고 새로운 생명에 속했다는 놀라운 자유를 누리며 그리스도를 따르기 위해 그 힘을 더욱 구하는 것이다.

언젠가 레바논 장로교인 친구와 신학대학원에서 수업을 들은 적이 있다. 첫 학기를 보내며 그는 신학적인 문제를 두고 종종 동료들에게 화를 내곤 했다. "너희 미국인들은 왜 칭의justification에만 매달리는 거야!" 그는 거의 울부짖으며 말을 이어 갔다. "죄짓고 용서받고, 죄짓고 용서받고, 그런 게 그리 좋은가? 아무도 쳇바퀴에서 나올 생각을 하지 않잖아! 성화sanctification에 대해서는 도대체 관심이 없는거야? 왜 아무도 죄를 덜 짓는 삶을 배우려 하지 않지?"

전통적으로 그리스도교는 저 쳇바퀴에서 벗어나기 위해서는 적어도 네 단계(죄의 고백confession, 용서pardon, 보속penance, 공동체로의 복귀restoration to community)를 거쳐야 한다고 보았다. 물론 무엇이 한 사람이 죄를 고백하는 자리에 서도록 이끄는가가 이 모든 과정에서 가장 신비로운 부분이다. 마음 속에 어떤 일이 일어나기에 우리는 고통을 회피하려는 마음을 딛고 일어서서 알코올이나 코카인에서 벗어나겠다고 결단하게 되는가? 어떻게 공동체에서 구성원들이 성공을 향해 경주하는 대신 낮은 곳을 향해 내려가기로 결단하는 일이 일어나는가? 이 신비로운 자유와 기꺼이 선을 선택하는 마음은 분명 참회의 시작이자 끝이다. 나는 이를 하느님께서 주신 선물이라고밖에 말할 수 없다.

하느님께서는 선택할 수 있는 자유를 회복시켜 주심으로 써 우리 안에 있는 당신의 형상을 회복시켜 주신다. 우리는 생명의 길과 죽음의 길이 어떻게 다른지를 알게 될 뿐 아니라 생명의 길을 선택할 수 있는 능력을 받게 된다.

이 선택은 대개 지금까지 무언가가 잘못되어 왔음을 고백하는 데서 시작한다. 신약성서에 따르면 원래 회개는 공개적으로 이루어지곤 했다. 요한은 공개적으로 죄를 고백하는 이에게 세례를 베풀었다. 야고보가 보낸 편지에서는 병에서 낫기 위해선 공동체에서 죄를 고백하는 일이 선행되어야 한다고 권하고 있다(야고 5:16). 사도행전 19장에서는 바울이 에페소에 가 있는 동안 공개된 자리에서 일어난 놀라운 회개 이야기를 읽을 수 있다. 사도행전 기자는 "많은 신도가 와서 자기들이 한 일을 숨김없이 자백"하였다며 이어지는 장면을 묘사한다.

또 많은 마술쟁이들은 마술책을 모두 가지고 나와 모든 사람들 앞에서 불살라 버렸다. 그 책은 값으로 치면 은화로 오만 냥 어치나 되었다. 이리하여 주의 말씀은 줄기차게 퍼져

나가고 점점 더 세력을 떨쳤다. (사도 19:19~20)

우리는 대부분 우리의 행실을 혹 공개하더라도 은밀히 드러내는 편을 선호하지, 공개적으로 죄를 고백하는 데는 저항감을 느낀다. 하지만 바로 이 부분을 통해 우리는 공동체가 가지고 있는 힘을 알 수 있다. 누군가에게 우리의 죄를 알리는 순간 비밀은 사라진다. 우리는 이제 죄의 존재를 부정할 수도 없고, 세부 내용을 바꿔서 다른 누군가의 잘못으로 떠넘길 수도 없다. 즉, 공동체를 통해 우리는 우리 삶에 증인을 세우게 된다. 죄를 공동체에서 알리는 행위에는 자기 삶에 증인을 세우고 그 증인에게 도움을 요청하는 것을 내포하고 있다.

이 철저한 자기 개방은 죄를 고백하는 이를 죄의 고백을 듣는 이로 변화시키기도 한다. 앞서 나는 AA에서 공동체의 힘이 어떻게 작동하는지 말한 바 있다. 더 큰 규모에서, 공동체에서 이루어지는 죄의 고백이 어떻게 작동하는지를 보여주는 좋은 사례는 남아프리카공화국 진실과 화해 위원회the Truth and Reconciliation Commission of South Africa다. 아파르트헤이트는 1990년 공식적으로 종식되었지만 남아프리카공화국의 흑인과 백인 앞에는 여전히 갈림길이 여럿 놓여 있었다. 서로를 향해 테러를 가할 수도 있었고 반동 혁명을 일으켜 상대 인종을 나라 밖으로 쫓아낼 수도 있었다. 법으로 서로를 고소할 수도 있었고 평화를 이루어 낼 수도 있었다.

알다시피 대부분의 경우 평화란 서로에 대한 적의를 조금 자제하는 것을 뜻한다. 전쟁을 멈추는 일에는 서로가 동의하지만, 근본적인 관계 변화에 관한 내용은 협상 내용에 포함되지 않는 게 대부분이다. 그러나 남아프리카공화국은 전쟁을 멈추는 일 이상의 꿈을 꾸었다. 데스몬드 투투가 지휘하고 남아프리카 교회협의회가 강력하게 지지하면서 진실과 화해 위원회는 이전에 적敵이었던 사람들과 함께 평화롭게 사는 길을 닦아 나갔다. 이 길을 닦는 과정에는 서로에게 행한 끔찍한 일을 모두 앞에 고백하는 일이 포함되어 있었다. 백인 경찰은 수감자였던 흑인 여성 앞에서 자신이 원하는 이야기를 듣기 위해 그녀를 고문했던 사실을 고백했다. 흑인 저항 운동가는 피부색이 하얗다는 이유만으로 무고한 사람을 죽였던 행동을 참회했다. 그들은 이 고백을 피해 당사자와 희생자의 가족 앞에서, 그들의 얼굴을 보며 자신이 한 일이 무엇이었는지를 남김없이 말해야만 했다. 이런 과정을 굳이 거치는 이유는 단순했다. 진실truth이 우리를 자유롭게 하리라는 소망에서였다.

전통적인 관점에서 용서는 죄에 합당한 보상을 한 이후에 이루어진다. 먼저 변화된 삶이 오랜 시간 유지되어야 하고 용서는 그다음이다. 이러한 과정 없이는 진정한 변화를 희망할 수 없기 때문이다. 회복을 향한 여정은 멀고 고되지만, 용서는 우리가 마침내 이르게 될 곳을 약속한다. 우리도 용서에 대한 말을 할 수는 있지만 진정한 용서는 언제나 하느님에게서 나온다. 그분만이 홀로 용서에 능하신 분이기 때문이다. 우리 입에서 나오는 용서는 공허한 소리이기 십상이다. 우리는 말한다.

"용서할게. 하지만 다시 너를 믿는 일은 없을 거야."
"용서해. 그렇지만 다시는 너를 보고 싶지 않아."

이렇게 하나 되지 못하는 용서, 다시 하나가 될 가능성을 허락하지 않는 용서란 무슨 의미가 있을까?

우리가 하는 모든 행동에는 그에 상응하는 결과가 있다. 이와 관련해 언젠가 힌두교인 친구와 업業(카르마karma)이라는 매혹적인 개념에 관해 이야기를 나눈 적이 있다. 그녀는 말했다. "네가 나를 해치면 그 일은 나뿐만 아니라 너에게도 영향을 미치게 돼. 나중에 네가 마음을 돌려서 나에게 용서를 구하고 내가 마음 깊은 곳에서부터 너를 용서한다고 해도 내가 이미 생긴 너의 카르마를 어떻게 할 수는 없어. 네가 한 선택은 이미 어떤 식으로든 결과를 만들어 냈으니까. 결국 너는 네가 선택한 행동으로 인한 모든 결과를 겪을 수밖에 없어."

용서를 인생이라는 칠판에 잘못 쓴 글자를 지워 버리는 커다란 지우개쯤으로 생각하는 일부 그리스도교인은 이런 생각을 끔찍하게 여길지 모른다. 그러나 성서도 용서받은 죄와 여전히 남아 있는 죄의 결과를 기록했다. 다윗은 밧세바와 부정을 저지르고 그녀의 남편을 죽였다. 후에 다윗은 회개했고 하느님은 그 일을 용서하셨지만 그 결과 다윗과 밧세바 사이에 태어난 첫째 아들은 죽고 말았다. 예수는 온 세계의 죄를 용서하기 위해 왔지만, 마태오의 복음서 25장에 따르면 그는 다시 올 때 양과 염소를 구분하겠다고 말했다.

용서는 종착점이 아니라 출발점이다. 용서는 우리가 다시 시작하기를 바라시는 하느님께서 주시는 선물이지만 용서를 받고 나서 어디로 갈지, 누구와 함께 갈지는 우리에게 달려 있다. 앞서 언급했듯 우리 대부분은 참회보다는 후회를 선호한다. 우리는 우리가 저지른 잘못을 되돌리기 위해 치러야 할 대가를 숙고하기보다는 잘못을 후회하는 길을 택한다.

우리는 새로운 삶을 위해 수고를 감내하기보다는 죄책감에 머무르려 한다.

보속은 이제 사전에서나 찾아볼 수 있는 단어가 되었지만 한때는 교회가 회복을 위해 사용했던 최선의 도구였다. 죄를 고백하고 용서를 받은 사람은 자발적으로 속죄하는 행동을 하게 된다. 이는 새로운 삶을 향한 걸음마를 떼는 과정이다. 이웃 정원에서 채소를 훔친 사람이 자신의 잘못을 용서받았다면, 그는 아마도 자진해 한 달 정도는 정원에서 잡초를 뽑겠다고 마음먹을 것이다. 이웃을 중상모략한 이가 자신의 잘못을 용서받으면, 그는 자신이 그간 해온 거짓말을 바로잡기 위해 다시 이웃을 찾아갈 것이다.

보속은 죄에 대한 벌이 아니라 잘못을 '바로잡는' 행위다. 보속은 바른 관계를 회복하는 행동이지만 다른 모든 선한 영적 행위와 마찬가지로 부패에 취약하다. 때로 보속 행위 자체가 습관이 되고 일상적인 행위로 전락하기도, 강제적인 의무가 되기도 한다. 개신교 종교개혁가들이 로마 가톨릭의 특정 신학과 행위에 반기를 드는 과정에서 보속이라는 개념은 목욕물을 버리려다 아이를 함께 버리는 것처럼 버려졌다. 종교개혁가들은 보속이 우리가 행위를 통해 의롭게 될 수 있다는 생각을 부추긴다고, 남용되고 있다고, 은총을 약화하고 있다고 주장했다. 그러나 보속이 사라지면서 우리는 참회로 들어가는 매우 강력한 길을 잃어버리게 되었다. 보속이 사라지자 이를 새로운 설명이 대체했다. 우리가 우리의 저지른 잘못을 뉘우치면 예수 그리스도께서 우리를 용서한다고, 그것으로 끝이라고 말이다. 그러면서 지나간 일은 지나간 일이라고 말한다. 하지만 실상이 그렇게 간단하지 않다는 건 우리 모두 알고 있다.

남아프리카공화국 전역에서 일어났던 경이로운 참회의 움직임을 살펴보면 죄의 고백과 용서의 선언만으로는 충분치 않음을 알 수 있다. 1996년 진실과 화해 협의회에서 루카스는 10년 전 백인 경찰이 자신의 얼굴에 총을 쏜 일을 이야기했다. 그 일로 그는 시각장애인이 되었고 그 뒤에도 고문을 당했다. 누군가 자신을 납치해 머리에 가방을 뒤집어씌우고 목을 조른 일도 있었다. 그를 질식시키려고 했던 게 분명했다. 묘지에 끌려가 구덩이에 던져져 산 채로 묻어 버리겠다는 협박을 들은 적도 있었다. 이러한 일들을 진술할 때 어떤 느낌이 드느냐는 물음에 그는 답했다. "정말 고통스러웠던 건 제가 겪은 일들을 이야기조차 할 수 없었다는 겁니다. 이제라도 이렇게 말하니, 다시 눈을 뜬 것만 같습니다."

그러나 4년이 지난 후에도 그는 계속 어둠 속에서 살아가고 있다. 그는 얼굴에 박힌 총알 파편을 제거하는 수술 외에는 의료 혜택을 받지 못했다. 그는 혜택이 그 부분에만 한정된다는 것을 이해하고 넘어갔다. 이제 그가 바라는 것은 그저 직업 훈련을 받아 다시 일했으면, 아파르트헤이트가 종식되었으니 자신에게 끔찍한 짓을 가한 이웃들이 조금은 변했으면 하는 것뿐이다. 그러나 그런 그에게 주어진 보상은 정부에서 준 700달러가 전부였다. 그는 말했다. "많은 돈이라 할 수는 없죠. 15년 동안 신음했던 사람에게 주는 보상으로는 말입니다."

그 사이 남아프리카공화국에서는 600명 이상의 가해자가 사면되었다. 위원회는 가해자가 저지른 모든 일을 공개적으로 고백하면 사면해 주겠다고 했다. 가해자는 대중 앞에서 죄를 고백했고 자유를 얻었다. 그러나 그 일이 있고 2년의 세월이 흐르면서 피해자들은 이곳에 가까스로 찾아온 평화와 정의가 지속할 수 있을지 확신을 잃어가고 있다. 투투 대주교는 경고한다.

피해자가 자신의 삶에 실질적인 변화를 경험하지 못한다면

'우리'는 '화해'라는 말에 작별 인사를 해야 한다.[4]

  보속 없이 죄의 고백과 용서의 선언만으로는 참회가 완성될 수 없다고 그는 말하고 있는 것이다. 이렇듯 투투 대주교가 행위(삶에서 일어나는 실질적인 변화)를 강조한다고 해서 그가 영적인 가치를 포기했다고 볼 수는 없다. 오히려 그는 이를 통해 성육신 신앙, 하느님께서 우리의 살과 피를 얼마나 소중히 여기시는지를 드러낸 사건으로서의 성육신을 사람들에게 증거한다.

  구원이란 어떤 추상적인 상급이 아니다. 구원은 인간의 삶을 변화시키는 하느님의 능력이 우리의 몸에 임하는 사건이다. 예수 그리스도께서는 우리를 위해 이미 가장 어려운 일을 이루어내셨으며, 이를 받아들일 때 우리 안에는 우리가 망가뜨린 일을 책임지고 회복하고픈 갈망이 일어난다. 죄를 용서받은 이라면 예수 그리스도께서 그 모든 일을 하시는 동안 안락의자에 앉아 있기보다는 그분과 함께 구원 활동에 참여하고 싶은 열정이, 하느님의 은총을 전달하는 이가 되고 싶은 소망이 일어나기 마련이다.

---

4  Roger Thurow, 'South Africa Shows Just How Tricky Is Reconciliation's Path', *The Wall Street Journal*, July 17, 2000.

이제 당신이 사제에게 물질주의로 점철된 삶, 사람보다 일에 헌신하는 삶, 예수가 사랑하는 가난한 사람에게서 멀어져 있는 자신의 모습을 고백했다고 상상해 보자. 사제는 용서를 선포하고 보속을 지시한다. 구체적으로 당신이 가장 좋아하는 물건 다섯 가지를 골라(여기에는 아마도 보스Bose 오디오나 새로 산 코치COACH 가방이 포함될 것이다) 그 물건이 필요하다고 생각되는 사람에게 주라고 하고, 토요일에 잔디 깎는 기계를 싣고 어르신이 있는 집들을 돌며 해가 질 때까지 무료로 잔디를 깎아 주라고 한다. 이처럼 보속은 통념적인 벌과는 다르다. 보속은 죄인에게 그가 저지른 죄에 상응하는 고통을 주는 데 목적을 두지 않는다. 보속의 목적은 그보다 높은 데, 관계를 회복함으로써 우리의 삶을 진정으로 변화시키는 데 있다.

보속에 관해 숙고하며 나는 참회가 단순히 누군가에게 미안하다고 말하는 것 이상의 의미를 지니고 있음을 깨달았다. 하느님께서 베푸시는 은총은 《내 모습 이대로》Just As I Am를 노래하고 자신을 받아들이는 것 이상을 요구한다.

최근 법조계에서는 흥미롭게도 범죄자들을 교정하기 위해 신학적인 접근을 고려하기 시작했다. 1999년 가을 250명이 넘는 교회 지도자들과 법조인들, 정치인들, 법률 서비스 담당자들이 워싱턴 내셔널 대성당에 모여 회복적 정의 Restorative Justice에 관한 전국적인 규모의 컨퍼런스를 열었다. 기존의 사법 정의criminal justice는 '누가 범죄를 저질렀는가? 그들은 어떠한 법을 위반했는가? 어떻게 그를 처벌할 것인가?'를 물은 데 반해 회복적 정의는 이렇게 묻는다. '그들이 다른 사람들에게 끼친 피해는 구체적으로 무엇인가? 그 피해를 회복하려면 무엇이 필요한가? 이를 회복하는 책임은 누가 져야 하는가?'

보속은 잘못된 일을 바로잡기 위해 내가 책임을 져야 함을 받아들이는 행위다. 이는 참회하는 이가 죄라는 병과 맞서서 할 수 있는 가장 적극적인 행동이며 또한 가장 고통스러운 행동이기도 하다. 보속이 인간의 의지에만 의존하는 행동으로 보일 수도 있으나 그렇지 않다. 죄의 고백, 용서가 하느님의 선물이듯 보속 또한 하느님의 선물이다. 우리가 새로운 삶을 살고자 하는 순간, 한 번에 커다란 발걸음을 내디뎌야 하는 것이 아님을 알 때 솟아나는 용기와 힘을 그분은 우리에게 선물로 주신다.

새로운 삶은 그 자체가 보상이지만 진정한 참회는 그 이상을 약속한다. 바로 하느님과 우리의, 또 우리 서로 간의 연합을 회복해 주시겠다는 약속이다. 하느님께서는 우리에게

공동체에 다시 소속하고 관계에 따르는 책임을 다시 행하게
되리라 약속하신다. 물론 우리가 참회한다 해도 이전에 있던
공동체가 우리를 다시 받아주지 않을 수도 있다. 어쩌면 이
런 일을 우리 죄에 대한 업보業報라고 할 수 있을지도 모르겠
다. 그러나 하느님께서는 우리의 죄를 용서하심으로써, 오래
전에 '이미' 용서하심으로써 우리에게 새로운 공동체를 약속
하신다. 이 공동체는 어떠한 일이 일어나도 구부러지거나 부
러지지 않는 강철 같은 신앙인들의 공동체가 아니라 변화를
이루어 가시는 손길이 멈추지 않음을 아는, 참회하는 죄인들
의 공동체다. 이제 앞에서 언급한 엘리자베스 오코너의 문장
을 다시 떠올려 봤으면 좋겠다.

상처 입은 사람을 안아주며

아픈 사람을 치료하는 곳이 있습니다.

이곳에서 기쁜 소식이 울려 퍼지고 있습니다.

우리의 죄 중에도, 슬픔이 무겁게

우리를 짓누르는 와중에도 말입니다.

우리는 용기를 내어 말합니다.

하느님께서 당신의 백성을 이곳으로 부르셨다고.

그분의 이름은 '임마누엘'이라고.

나는 우리의 절망과 희망을 담아내는 데 신앙의 언어를 대체할 수 있는 다른 언어는 없다고 믿는다. 그러나 이 언어가 우리 삶에서 살아 움직이도록 하기 위해서는 우리 한 사람 한 사람이 자신에게 주어진 몫을 감당해야 한다. 우리 경험의 심연으로 들어가 저 언어가 가리키는 실재를 찾는 일, 그리고 삶으로 그 언어를 불러와 우리 몸에 그 언어를 입는 일은 우리의 몫이다. 우리 안에, 우리를 통해 진정한 변화가 일어나고 있음을 누구도 본 적이 없는데, 하느님께서 우리를 구원하실 능력이 있다고 우리가 증언한들 그런 이야기를 이웃들이 믿어 주어야 할 이유가 없다. 하느님께서는 당신의 기쁜 소식을 구현하는 통로로 우리를 선택하셨다. 우리 삶은 죄로 물든 세상, 상처 입은 세상에서 하느님의 언어를 나타내는 통로다. 그분께서는 약속하셨다. 우리가 본향을 가리키는 역할을 하는 데 필요한 은총을 풍성히 주시겠노라고.

# 나오며 —
## 의로움을 회복하기

몇 년 전, 함께 대학을 다닌 친구에게 전화가 왔다. 20년 만에 온 전화였다. 친구는 내가 성공회 사제가 되었다는 이야기를 들었다며 내 조언이 필요하다고 했다. 성공회 신자인 자기 친구가 얼마 전 아이를 낳았는데 그 친구가 아이 세례식에 와 주었으면 한다고, 또 아이의 대부가 되어 주었으면 한다고 부탁했다는 것이다. 친구는 자신이 유대인인데 그게 가능한지 모르겠다고 말했다. 학창 시절 나는 친구와 이런 이야기를 나누어 본 적이 없었다. 나는 그때 사실상 그리스도교인이라 할 수 없었고 그가 유대인이라는 걸 알아채지도 못했다.

20년 만에 나눈 대화였지만 너무 즐거워서 서로를 찾지 않은 그간의 시간이 아쉬울 정도였다. 우리는 신앙에 관해, 신앙을 가로막는 장애물에 관해 이야기를 나누었다. 그리고 각자 갖고 있는 종교의 유사점과 차이점에 관해서도 이야기 했다. 나와 대화를 하고 나니 친구는 세례식에 갈지 정하기 전에 무엇을 해야 할지 알 것 같다며 내게 말했다. "너는 의로운 사람이야." 이 말을 남기고 친구는 전화를 끊었다.

"의롭다"는 말은 내가 들어본 칭찬 중에서 가장 특이한 칭찬이었다. 그리스도교인으로서 나는 일상 대화에서 '의롭다'righteous는 말이 긍정적인 의미로 쓰이는 경우를 거의 본 적이 없다. 이 말은 언제나 부정적인 의미와 연결이 되곤 했는데 '자기의'self-righteousness나 '행위를 통한 의로움'works-righteousnes처럼 비난의 의미와 결합해 있었다. 그리스도교인인 내게 의란 신앙을 갖지 않은 이들이 내세우는 것이었다. 그러나 내 친구는 오랫동안 우리가 잃어버렸던 이 언어를 다른 맥락에서 이해하고 다른 식으로 쓰고 있었다.

이후 나는 주류 그리스도교가 왜 '의'라는 말을 버렸는지를 생각하며 며칠을 보냈다. 성서에서 '의'는 공정함을 뜻하는 히브리어 '체데크' 에서 유래했다. 의로운 사람이란 공정한 사람, 하느님의 명령을 따름으로써 하느님의 정의의 빛을 세상을 향해 반사하는 사람을 말한다. 그분의 계명은 모두 하느님과 또 이웃과 바른 관계 속에 살아가라는 명령이므로 정의로운 사람은 전적으로 세계를 향해, 다른 사람을 향해 있기 마련이다. 그러므로 '의'는 관계적이다. 의로운 사람은 모든 관계를 하느님의 뜻을 따라 살거나 살고자 한다. 성서도 의에 주리고 목마른 사람을 칭찬하고 그가 복 있는 자이며 그의 갈망이 채워지리라고 선언한다. 초점은 하느님을 그리고 하느님께서 뜻하시는 삶을 살기 원하는 데 있다.

그러나 내게 의로운 사람이라는 칭찬은 여전히 어색하다. 이른바 '바울 신학'에 너무 익숙해져서인지 '의'가 여전히 '믿음'의 반대말처럼 들리기 때문이다. 그러나 바울은 로마인에게 보낸 편지에서 '의'라는 말(그리스어로는 '디케'δίκη)을 60번 이상 사용한다. 그는 자신을 변호하기 위한 의와 예수 그리스도를 믿는 신앙에서 비롯되는, 하느님만이 주실 수 있는 의를 구분해서 사용한다. 문제는 바울이 쓴 그리스어를 번역하면서 두 개의 다른 단어를 사용했다는 점에 있다. 영어 성서에서 '칭의'justification는 대부분 '믿음으로'라는 말과 함께 사용되었고 '의로움'righteousness은 대부분 '행위'라는 말과 함께 사용되었다. 그러나 이 두 단어에 상응하는 그리스어 단어는 하나다. '의로움'이든 '칭의'든 모두 하느님에게서 비롯되었으며 신앙에 기반을 두고 거룩한 삶으로 완성되는 '의'를 뜻한다(혹은 그리스도교인에게 익숙한 표현으로 하자면 성령의 열매라 불러도 좋다). 선행은 그 대표적인 예다.

장담하건대 바울은 선행을 반대하지 않았다. 다만 그는 우리가 닭과 달걀을 혼동하지 않기를 바랐을 뿐이다. 선행은 달걀 중에서도 가장 빛나는 달걀이며 하느님을 향해 가는 길을 가로막는 장애물이 아니다. 선행은 새로운 삶이라는 선물을 부화하기를 바라는 모두에게 하느님께서 값없이 주시는 상이다. 의로움은 이 과정에서 필수다. 바울은 서신에서 그리스도인이 어떻게 행동해야 하는지 긴 목록을 제시했고 우리는 그 목록을 알고 있다. 누군가 그리스도를 따르기로 결단했다면 그는 더 이상 탐욕, 식탐, 방탕, 거짓, 불화, 고소에 대해 핑계를 댈 수 없다. 하느님의 선물을 받아 의로워진 사람은 하느님께서 요구하시는 바를 따라 살아야 한다.

마태의 복음서는 의에 주리고 목마른 자가 복이 있다고 말한다(마태 5:6). 예수는 자기를 따르는 제자들이 서기관이나 바리사이인보다 더 의로워야 한다고 했다(마태 5:20). 다른 무엇보다 예수 자신이 하느님의 의가 육신이 된 존재이기도 하다(마태 3:15). 예수에게서 우리는 하느님, 그리고 이웃과 바른 관계를 맺은 사람이 어떠한 삶을 살아가는지를 본다. 그에게는 공평함, 깊은 긍휼, 성서의 약속을 삶으로 살아 내는 열정,

사랑이 있다.

나는 그리스도교의 어휘 목록에 '의'가 다시 추가되었으면 좋겠다. 하지만 더 중요한 건 이 언어들이 가리키는 실재를 회복해 내는 것이다. 신앙과 선행이 반대말처럼 사용되지 않고 하느님께서 내려주시는 은총의 역설 안에서 함께 드러나는 회복을 나는 바란다. 위대한 개혁가들은 이 역설을 놓치지 않았지만, 언제부터인가 그들이 전한 메시지는 그 입체성을 잃고 평평해져 버렸다. 그 결과 우리에게는 이런 식의 메시지가 전달되었다.

> 하느님께서는 우리가 예수를 믿는지 안 믿는지에만 관심이 있다. 신앙을 갖고 나면 우리가 서로에게 어떤 폭력을 저지르는지는 별다른 문제가 되지 않는다. 우리가 이 땅에서 어떤 잘못을 저지르든 간에 우리는 용서받는다. 하느님께서는 우리의 내면만을 보시기 때문이다.

이러한 신학이 양산한 해악을 목도하며 나는 미드라쉬에 적힌 말을 이해하게 되었다. 거기서 하느님은 말씀하신다. "나를 버리는 일을 그만두고 나의 토라에 복종하라."

히브리어에서 의로운 사람은 '그 목적이 진실한 사람'을 이르기도 한다. 히브리어에서 말하는 죄, '과녁을 벗어남'이라는 의미와 함께 저 말을 생각하면서 나는 의로움이란 마치 과녁을 정확하게 겨냥하여 맞추는 것과 같은 이미지를 품고 있다는 생각이 들었다. 내가 쏜 화살이 목표에 이르지 못하고 목표에서 수백 미터나 떨어진 곳에 계속 떨어지더라도, 나는 매일 목표물을 맞히기 위한 연습을 해 나가는 것이다. 물론 내가 쏜 화살은 계속해서 목표에 이르지 못하겠지만(다시 말해 의심의 어지 없이 계속해서 죄를 짓겠지만) 화살이 떨어진 곳이 내 목적지가 아님을 이제는 안다. 내 진정한 목적, 나의 과녁은, 하느님이 원하시는 삶을 사는 것이다. 나는 (토머스 머튼Thomas Merton의 말대로) 하느님을 기쁘게 해 드리고 싶은 소망이 실제로 하느님을 기쁘게 해 드린다고 믿는다.

내가 활쏘기보다 바느질에 더 익숙하기 때문이겠지만 이런 이미지도 떠올랐다. 나는 침침한 눈으로 갈색 실 꾸러미와 바늘 하나를 들고 세상이라는 망가진 옷을 마주했다. 하느님께서는 당신의 은총으로 내 눈을 고쳐 주셨고 이제 망가진 옷을 깁는 사람으로 나를 부르셨다. 한 줄 실보다는 여러 겹의 실이 더 강하기 때문에, 하느님께서는 나 홀로 일하다 실이 끊어지지 않도록, 나를 공동체 안에서 일하도록 이끌어 주셨다. 매일 매일 우리는 뜯어지고 망가진 곳을 찾아가 그

틈과 상처를 메워야 한다. 모든 선한 행동, 모든 친절한 말, 모든 의로운 행동과 연민은 우리를 더 가깝게 이어 준다. 우리가 우리의 소명에, 세상을 치유하는 자로서의 목적에 진실할수록 우리는 더 촘촘하게 이어질 것이고 한층 친밀하게 연결될 것이다. 물론 옷은 다시 해지고 찢어질 테고 몇 번이나 고쳤는데도 옷이 다시 찢어지는 일을 경험하겠지만 그 일이 우리를 낙담케 하지는 못할 것이다. 수선하는 일은 곧 우리가 수선을 받는 일이기도 하기 때문이다. 우리는 어떤 일과도 이 일을 바꾸지 않을 것이다.

**당신은 유년 시절을 중서부와 남부 여러 지역에서 보냈습니다. 여기에 더해 교회와 학계를 오가는 경력을 쌓았고, 조지아주 클락스빌에 있는 농장으로 이주하면서 도시와 농촌을 모두 경험했습니다. 여러 문화 사이에서 살아가거나, 혹은 여러 문화에 속한 경험이 당신에게 어떤 영향을 미쳤나요? 이런 경험은 설교자이자 작가로서 당신에게 어떤 도움을 주었나요?**

9학년이 될 때까지 제 가족은 사는 곳을 아홉 번 옮겼습니다. 덕분에 빠르게 이어지는 만남과 이별에 익숙해졌지요. 끊임없이 새로운 곳에서 '신참'(달리 말하면 이방인)이 되면서 다양한 이웃, 학교, 기후, 사투리, 정치 성향 사이 경계에서 사는 법을 익힌 것 같습니다. 1950년대에는 오하이오에서 앨라배마로 이사를 했는데, 학교에서 만난 한 친구가 북쪽에 있을 때는 '유색'colored 학교에 다녔냐고 묻더군요. 저는 무슨 말인지 못 알아듣고 빨간 벽돌로 지은 학교에 다녔다고 대답했습니다. 나중에야 그 의미를 알게 되었지요. 돌이켜 보면, 이곳저곳을 옮겨 다니면서 저는 꽤 유용한 생존 기술을 익혔습니다. 사람들이 어떻게 말하는지, 누구를 비하하는지, 운동장에서 어떻게 만나는지, 누가 권력을 가졌는지를 주의 깊게 관찰하는 법을 익혔지요. 스스로 거주지를 선택하고 한곳에 오래 머물게 된 이후에도, 저는 중심부에서 경쟁하기보다는 주변부에서 관찰하는 걸 더 좋아했습니다. 거기서 더 많은 것이 보였기 때문이지요. 대학교 시절, 친구들이 학생회 선거에 출마하면 저는 학교 신문에서 그들에 관한 글을 썼습니다. 다른 여학생들이 여학생 사교 동아리에 가입하면, 저는 유대인 남학생 사교 모임에서 시간을 보냈지요. 일종의 반항심 때문이었을 수도 있고, 실패의 위험을 최소화하기 위한 나름의 방법이었을 수도 있습니다. 어쨌든 주변부에 끌리는 성향은 설교자이자 작가로서 제게 도움을 주었습니다. 주변부, 가장자리는 창의적인 공간입니다. 전체 영역을 볼 수 있는 곳, 자신이 어디에 속해야 할지 확신하지 못하는 이들에게 공감할 수 있는 곳이지요.

**이 도시에서 저 도시로 옮겨 다닌 경험이 지금까지 이야기한 방식으로 당신에게 영향을 미쳤다면, 이후 어딘가에 정착하고 안정감을 느낀 경험은 당신에게 어떤 영향을 미쳤나요?**

한곳에 정착한 건 제 선택이기보다는, 아마도 불안정했던 어린 시절에 대한 반작용이라고 할 수 있을 겁니다. 지난 36년 동안 저는 딱 두 곳에서 살았습니다. 첫 번째는 애틀랜타였는데, 그곳에서 남편 에드와 결혼 후 첫 10년을 보냈지요. 그 뒤, 하늘이 더 잘 보이는 곳에서 살고 싶다고 결심했을 때, 우리는 조지아 주민 대부분이 지도에서도 찾지 못하는 작은 마을인 클락스빌로 이사했습니다. 땅을 찾는 데 2년이 걸렸고, 농가와 두 개의 헛간, 그리고 울타리를 짓는 데 1년이 더 걸렸지요. 벌써 25년 전 일이네요. 이제 그 울타리는 이끼로 덮여 있고 부엌 창밖에 심었던 복숭아나무 대부분은 수명을 다해 죽었지만, 여전히 이곳은 처음 왔을 때처럼 새롭게 느껴져요. 이렇게 한곳에 오래 머무르면서 저는 '신실함'faithfulness이 무엇인지를 배웠습니다. 사계절을 보내고, 날씨가 좋든 나쁘든 견디면서, 병아리가 태어나는 순간부터 매가 그 병아리를 물어가는 순간까지 … 한 자리에 오래 있다 보니 삶을 살아가면 마주할 수밖에 없는 삶과 죽음의 순환을 있는 그대로 받아들이는 법을 익히게 된 것 같아요. 어린 시절 여러 곳을 떠돌았던 일들은 그대로 소중하지만, 지금 이 땅에 머무는 경험은 또 다른 방식으로 소중하고, 또 독특합니다. 마치 결혼 생활 같아요. 도시에 있는 분들은 종종 "그런 시골에서 살면 외롭지 않나요?"라고 묻곤 합니다. 아마 그분들은 사람을 유일한 친구로 여기기에 그런 질문을 던지는 거겠지요. 하지만 저는 전혀 외롭지 않습니다. 이곳에는 생명이 가득하기 때문이지요. 병아리, 매, 스컹크, 뱀, 노래하는 새들, 거미, 숨 쉬는 나뭇잎들까지 … 오히려 제 걱정은 이 모든 생명체에게 관심을 충분히 주지 못한다는 겁니다.

**40대 초반에 첫 책을 출간하셨는데요. 그전에도 작가가 되겠다는 꿈이 있었나요? 아니면 시간이 흐르면서 차차 글을 쓰고 싶다는 바람을 갖게 되셨나요?**

앞에서도 언급했지만, 자주 이사를 해서 그런지 책을 많이 읽게 되었어요. 책은 저를 다른 세상으로 데려가 주고, 여러 가지 삶을 경험하게 해 주고, 삶의 의미에 대해 생각해 보게 해 주고, 책 속에서만 만날 수 있는 친구들을 만나게 해 주었습니다. 그러면서 자연스레 저도 이야기를 쓰고 싶다는 열망을 갖게 된 것 같아요.

20대 후반에는 작가가 되겠다고 마음먹고 작가들이 모여 글을 쓰는 곳들, 야도Yaddo*나 버지니아 창작 예술 센터 the Virginia Center for the Creative Arts**, 밀레이 예술 콜로니Millay Colony for the Arts*** 같은 곳을 찾곤 했습니다. 하지만 소설가로서의 재능은 부족하다는 걸 이내 알게 되었지요. 잡지와 출판사에 원고를 보냈지만 줄기차게 게재와 출간을 거절당했어요. 인상적인 거절 편지도 몇 개 받았는데 특히 「하퍼스 매거진」

---

* 야도는 미국에 있는 건물이자 예술가 공동체로 1881년 금융가 스펜서 트라스크와 아내이자 작가인 카트리나 트라스크가 "예술가들이 환경에 구애받지 않고 자유롭게 작업할 기회를 제공해 창조적 과정을 육성하는 것"을 목표로 건물을 지었으며 이후 다양한 예술가들에게 숙소와 작업실을 제공해 왔다. 2013년 국가 사적지로 지정되었으며 한나 아렌트, 제임스 볼드윈, 솔 벨로우, 트루먼 카포티, 필립 로스 등이 이곳을 거쳤다.
** 버지니아 창작 예술센터는 버지니아주 애머스트에 있는 주거형 예술가 공동체로 1971년 설립되었다. 22명의 예술가가 숙소와 함께 작업실을 쓸 수 있으며 매년 400명 이상 작가, 화가, 작곡가를 초대해 다양한 행사를 연다.
*** 미국 뉴욕주에 있는 도시 오스터리츠에 있는 주거형 예술가 공동체.

Harper's Magazine의 편집자였던 루이스 라팜Lewis Lapham*이 보낸 편지가 기억납니다. 글을 더 보내라고 하면서도 다른 편집자에게 쓴 메모를 실수로 같이 보냈더라고요. "글은 잘 썼는데, 읽다 보면 자살하고 싶은 충동이 들 정도로 우울해." 플래너리 오코너Flannery O'Connor의 작품을 너무 많이 읽어서였을까요? 돌이켜 보면, 제가 쓴 이야기는 너무 우울했고 등장인물들의 속내를 잘 보여 주지 못했던 것 같습니다. 흥미로운 일들은 많이 일어났지만, 왜 그런 일들이 일어났는지는 작가인 저만 알았지요. 제 내향성을 인물들에게 너무 많이 투영했던 겁니다. 저처럼 그들도 밖을 보기만 했지, 자신을 잘 드러내지 않았어요. 누군가 안을 들여다보는 걸 꺼리기도 했고요. 그래서 그들은 자신들이 얼마나 우울한지도 몰랐던 것 같습니다. 어쨌든, 그 무렵 저는 애틀랜타 도심에 있는 성공회 교회에서 한 주에 8~10시간 정도 봉사를 하고 있었습니다. 신학교는 졸업했지만, 사제 서품은 받지 못했기 때문에 당시교회 주임 신부님은 이것저것 다양한 일을 시키셨지요. 어느날 성 주간 저녁 예배 때 설교를 부탁하셨어요. 그래서 어두

---

\* 루이스 라팜(1935~2024)은 미국의 작가이자 편집자다. 1976년부터 1981년까지, 1983년부터 2006년까지 월간지 「하퍼스 매거진」의 편집자로 활동했다. 소설가 톰 울프Tom Wolfe는 그를 몽테뉴에 견주기도 했다. 작가로도 활동해 14권의 에세이집을 냈다.

컴컴한 교회 앞자리에 몇 안 되는 신자들이 모인 조그만 예배에서 말씀을 전했지요. 본문은 요한복음서였고 유다가 예수를 배신하는 이야기였습니다. 가슴 시린 내용이고, 마침 심한 감기에 걸려 기침약을 두 배로 먹고 설교를 했더니 몽롱해져 몸을 가누기 힘들었습니다. 그래도 하고 싶은 말은 다 했고, 끝나고 나니 어떤 신자분이 설교문을 볼 수 있겠냐고 물어보시더군요. 집으로 돌아가는 길에 문득 깨달았습니다. '아, 내가 방금 첫 단편을 사람들에게 공개한 거구나.' 이렇게 해서 제 글쓰기는 설교와 이어지게 되었습니다. 언어에 대한 사랑이 둘을 자연스럽게 이어 주었어요.

**설교문을 준비하는 것과 수필, 책 원고를 쓰는 것, 즉 청자를 고려한 글쓰기와 독자를 고려한 글쓰기에는 어떤 차이가 있을까요?**

제가 생각하는 가장 큰 차이는 친밀감이에요. 독자에게 내놓는 글을 쓸 때 저는 좀 더 개인으로서, 개인을 향해 글을 씁니다. 라디오 원고와 TV 대본의 차이랄까요. 책의 원고를 쓸 때는 한밤중에 잠 못 이루고 책을 읽고 있을 누군가를 생각합니다. 그 사람 귓가에 속삭이듯 글을 쓰지요. 독자가 원할 때 멈추고 다시 읽을 수 있다는 걸 알기 때문에, 긴 문장도 쓰고 복잡한 문장 부호도 쓰고, 깊이 있는 질문도 마음껏 던집니다.

반면 말로 전할 글을 쓸 때는 밝은 곳에 여러 사람이 앉아 있는 모습을 상상하며 원고를 씁니다. 문장은 짧게 쓰고, 쉬운 단어를 고르지요. 같은 내용을 여러 번 다르게 설명하고, 너무 깊은 생각에 빠지게 하는 질문은 피합니다. 말은 한 번 지나가면 끝이니까요. 청중이 제 말을 놓치지 않고 따라오길 바라기 때문에, 내용만큼 리듬도 신경 씁니다. 청중이 저를 보고 있다는 것도 고려합니다. 제 외모나 목소리에 대한 그들의 반응이 영향을 미치니까요. 공적인 자리에서 말을 하는 건 굉장히 다양한 요소가 어우러진 하나의 사건입니다. 청중의 수도, 날씨도 영향을 미치지요.

그래서 같은 내용을 다루더라도 마지막에 글로 읽히는 글과 말로 들리는 글의 효과는 다르게 평가해야 합니다. 개인이 읽게끔 쓰인 글과 공적인 공간에서 들리는 글은 완전히 다릅니다. 읽게끔 쓰인 글일 경우는 제가 전하려는 뜻이 잘 전달됐는지가 중요해요. 종종 책 사인회를 열면, 어떤 분들은 밑줄 가득한 책을 들고 오시곤 합니다. 그 흔적을 보면 제가 전달하려는 바가 어떻게 전달됐는지를 알 수 있어요. 반면 설교나 강연에서는 사람들의 마음이 움직였는지가 더 중요합니다. 나중에 보면 사람들은 제가 정확히 뭐라고 했는지는 잘 기억 못 하거나, 심지어 제가 하지도 않은 말을 했다고 하기도 하지요. 하지만 그들의 마음이 움직였다면, 다른 사람들과 함께 앉아 오래 기억할 만한 무언가를 느꼈다면, 그건 성공한 겁니다. 사실 이건 제 공이 아니라 영적인 힘이 함께 한 거지요. 이 모든 이야기를 했지만, 제 글쓰기는 말하기의 영향을 더 많이 받았어요. 흥미롭게도 사람들은 제가 글 쓰듯 말한다고 하지만 말이지요.

**그리스도교 신앙이 아닌 다른 종교를 가진 독자들이나 무종교인 독자들을 위해 신앙에 대해 글을 쓸 때의 기쁨이나 어려움은 무엇인가요?**

제 책을 읽는 독자 중 상당수는 (다양한 교파에 속해 있는 분들이기는 하지만) 그리스도교인이라고 봐야겠지요. 하지만 유대교 신자도 있고, 종교가 없는 분도 계십니다. 요즘 글을 쓸 때는 우리를 하나로 묶어 주는 건 종교나 영성이 아니라 우리가 모두 인간이라는 사실이라는 점을 늘 생각합니다. 우리가 배고프거나, 길을 잃거나, 아플 때는 어떤 세계관을 가졌는지는 별달리 중요하지 않잖아요. 도움이 필요할 때는 누가 도와주든 그저 감사할 뿐이지요. 주변에서 누군가 기쁜 일을 맞이했을 때나, 슬픈 일을 맞이했을 때 그, 혹은 그녀가 히잡을 쓰고 있는지 십자가를 걸고 있는지는 중요하지 않습니다. 긴 비행을 마치고 집에 올 때면 공항 대기실에 가만히 서서 전 세계에서 온 사람들이 사랑하는 사람들과 만나는 모습을 보곤 합니다. 참 아름다운 풍경이지요. 그들의 표정을 보고 있으면 왜 살아 있는 것이 감사한 일인지를 새삼 깨닫곤 합니다. 그 풍경은 인간의 가장 깊은 본질은 죄가 아니라 하느님의 형상임을 일깨워 주지요.

그리고 이 진실은 그리스도교의 핵심 가르침인 성육신과도 부합합니다. 그리스도교는 어떤 식으로든 몸(이웃의 몸, 나병 환자의 몸, 고아의 몸, 그리스도의 몸)을 귀히 여기는 종교입니다. 몸을 지닌 영혼을 돌보아야 한다는 그리스도교의 분명한 가르침 덕분에 저는 꼭 종교와 직접적인 관련이 있어야 한다고 생각하지 않고도 인간이 된다는 것에 관해, 우리가 처한 상황에 관해 글을 쓸 수 있었습니다. 얼마 전 누군가 제가 그리스도교의 고유한 어휘를 쓰지 않아도 거룩한 내용에 대해 잘 표현한다는 이야기를 해 주더군요. 꽤 기분 좋은 이야기였습니다. 물론 그 때문에 저는 일부 독자들을 잃었다는 사실을 잘 알고 있습니다. 친구들(주로 성직자 친구들)도 몇 명 잃었지요. 그들은 제가 최근 저서들에서 그리스도교 용어를 적극적으로 쓰지 않자 그리스도교 전통도 저버리고 있다고 생각한 것 같습니다. 하지만 그 일에는 저도 관심이 있습니다. (교회 사목을 그만두고 본격적으로 교수 생활을 하기 전에 쓴) 『잃어버린 언어를 찾아서』가 그 대표작인 예지요. 거기서 저는 '죄', '참회', '구원' 같은 말들의 의미를 되살리려 노력했습니다. 여전히 그 관심은 사라지지 않았고, 그런 작업 역시 중요하다고 생각합니다. 성서를 묵상하는 분들, 교회에 다니는 분들에게는 특히나 말이지요. 하지만 문제는 제가 학교로 자리를 옮긴 뒤 만난 대다수 사람은 성서도 안 읽고 교회에도 다니지 않았습니다. 그들은 종교 언어, 전통적인 그리스도교의 고유한 어휘를 자신들을 배제하는 '내부자 언어'로 받아들였어요. 그런 사람들과 관계를 맺기 위해서는 어떻게 이야기를 해야 하는지가 저에게 중요한 문제로 다가왔습니다. 종교 언어는 싫어해도, 그 말들이 가리키는 실재에는 여전히 관심을 보이곤 했거든요.

**그런 측면에서, 지역 교회 주임 신부에서 대학교의 교수로 자리를 옮긴 덕분에 당신이 다른 글을 쓸 수 있는 자유를 얻게**

**되었다고도 할 수 있을까요?**

그렇다고 해야겠지요. 교수가 된 뒤 가장 적응하기 어려웠던 '교회를 대표해, 모두가 되새겨야 할 진리를 전하는' 언어를 '제 개인이 생각하는 진리'에 관한 언어로 바꾸는 것이었습니다. 처음으로 그런 방식으로 말하기 시작했을 때는 마치 가드레일도 없는 구불구불한 산길을 운전하는 것 같았어요. 그전까지만 해도 성서 구절이나 예배, 교회의 관습은 저를 안전하게 지켜 주는 가드레일과 같았습니다. 하지만 학교에서는 그런 게 다 사라져 버렸지요. 한동안은 꽤 무서웠습니다. 어떻게 말해야 할지, 말을 하고 나면 그 말들이 저를 어디로 이끌지 막막했거든요. 하지만 시간이 지나면서 이 가드레일이 없는 상태가 저를 더 조심스럽고 나은 운전자로 만들어 준다는 걸 알게 되었습니다. 학교로 오면서부터 훨씬 더 다양한 주제를 다룰 수 있게 되었습니다. 몸의 선함, 피조세계의 거룩함, 교회의 가르침을 두고 일어난 여러 갈등까지 교회에 있을 때는 다루기 힘든 주제들(교회였다면 성性, 범신론, 이단 등의 혐의를 제기할 법한 주제)이지요. 교회에 있을 때는 전통에 바탕을 둔 가르침을 전하고 이를 되새기게 하는 게 제 역할이었습니다. 다양한 이유로, 강단에서는 영화로 치면

'전체관람가'처럼 신중하게 걸러진 이야기들을 할 수밖에 없습니다. 이에 견주면 학교에서는 좀 더 자유롭게 다양한 이야기를 할 수 있지요. 교회 주임 신부에서 교수로 자리를 옮기기까지 3개월 동안 이런 변화들을 겪었고, 그래서 그때 쓴 『하느님이 침묵하실 때』When God is Silent에는 이런 내용이 많이 담겨 있습니다.

또 다른 변화도 있었습니다. 자리를 옮기며 제 역할이 '답을 제시하는 사람'에서 '질문을 던지는 사람'으로 바뀐 것이지요. 이제 제 권위는 나이나 공부, 경험에서 나오지, 하느님과 관련된 직무나 관계에서 나오지 않습니다. 여기서는 저도 학생들처럼 진리를 찾는 또 다른 한 사람에 불과합니다. 이를 통해 얻은 학문의 자유는 작가로서 얻을 수 있는 가장 근사한 선물 중 하나인 것 같아요. 누군가의 허락이나 비난을 걱정하지 않고, 제가 즐기는 소리를 쓸 수 있으니 말입니다.

**『하느님이 침묵하실 때』에서 당신은 우리 문화가 언어와 맺고 있는 복잡한 관계(소비자 자본주의가 언어를 이용하는 방식, 다양한 매체로 가득 찬 환경이 많은 사람에게 가하는 언어의 폭력)에 대해 여러 쪽을 할애했습니다. 그 책은 90년대 초에 출간됐는데, 25년이 지난 지금 이 진단에 덧붙이고 싶은 것이 있나요?**

그 책을 쓸 때만 해도 우리는 지금처럼 스마트폰에 매달려 살지 않았습니다. 요즘은 집을 나설 때 폰을 놓고 나오면 왠지 불안하면서도, 동시에 이렇게 폰에 얽매여 사는 게 짜증 나곤 합니다. 왜 그럴까요? 아마도 필요로 할지도 모르는, 또는 놓칠지도 모르는 정보가 너무 많이 담겨 있어서겠지요. 이런 기계가 없던 시절을 기억할 수 있는 나이인데도 말입니다. 메일함을 열면 온갖 신간 정보가 쏟아집니다. 사람들은 끊임없이 블로그 링크, 영상, 음악, 기사, 사진들을 보내 주지요. 인터넷 덕분에 정보를 쉽게 얻을 수 있다는 건 좋은 일입니다. 하지만 이를 실어 나르는 게 너무 쉬워졌다는 사실이 좋은 일인지는 잘 모르겠어요. 예전에는 무언가를 출판하려면 여러 단계의 검증을 거쳐야 했는데, 그게 그리워질 정도입니다. 이런 변화가 민주주의에 어떤 영향을 미칠지 잘 모르겠습니다. 디지털 이전의 세상을 기억하는 사람이 아무도 없게 되면 어떤 일이 일어날지도 말이지요.

**이렇게 소음이 많은 상황에서 작가는 어떻게 말을 돌볼 수 있을까요?**

토요일이면 공영 라디오의 이야기 프로그램을 많이 듣습

니다. '디스 아메리칸 라이프'This American Life나 '스냅 저지먼트'Snap Judgment, '모스 라디오 아워'The Moth Radio Hour 같은 프로그램들이요. 제 귀가 눈보다 덜 지쳤거나, 아니면 라디오라는 매체가 주는 따뜻함에 더 끌리는 걸지도 모르겠습니다. 어쨌든 이 프로그램들은 개인의 이야기가 얼마나 큰 힘을 가질 수 있는지 보여 줍니다. 특히 자기 자신만의 이야기를 넘어서서 사랑, 정의, 인종, 가족, 신앙, 죽음 같은 중요한 주제들을 다룰 때 말이지요. 작가로서 저는 이들의 이야기가 왜 그토록 신뢰할 만하다는 판단을 낳는지, 왜 그들이 진실을 말하고 있다고 믿게 되는지, 왜 토요일 오후를 통째로 바쳐 가며 그들의 이야기를 듣게 되는 건지 궁금해하곤 합니다.

분명한 점은 유머가 큰 역할을 한다는 것입니다. 대다수 이야기꾼은 처음에 자신이 한 어리석은 행동, 실수, 잘못된 믿음을 유쾌한 어조로 고백하면서 청자를 사로잡습니다. 그런 정직한 모습에 청자는 그들이 다른 모든 일에 대해서도 진실을 말할 거라고 믿게 되지요. 하지만 그들은 전도사가 아닙니다. 청자를 자기 생각대로 바꾸려 하지 않지요. 그저 자신이, 더 나아가 인간이 어떻게 변할 수 있는지를 보여 줄 뿐입니다. 지극히 일상에서 쓰는 어휘들로, 어떤 복잡한 의미를 감추지도 않은 채 말이지요. 그들은 청자가 자신의 이야기를 이해할 거라 믿고, 복잡하게 설명하지 않습니다. 그저 자신이 정말 소중히 여기는 것을 이야기하지요. 그래서인지 이야기가 끝날 때쯤이면 마치 그들과 친구가 된 것 같은 기분이 들어요. 그러한 면에서, 제가 그들의 이야기를 신뢰하는 건 그들이 먼저 저를 신뢰하기 때문이겠지요.

이걸 글쓰기에 적용해 본다면, 독자를 신뢰하는 게 중요합니다. 가르치려 들거나, 설교하거나, 지나치게 설명하지 말아야 합니다. 대신 항상 진실하고, 투명하고, 너그러워야 합니다. 작가로서 가끔 비꼬는 말을 하고 싶은 유혹도 들지만, 그건 독자의 신뢰를 잃는 지름길이에요. 거짓말하는 문화에서 말을 돌본다는 것, 소중히 여긴다는 건 결국 독자를 돌본다는 것, 소중히 여긴다는 것이고 말이 스스로 힘을 발휘하도록 믿고 맡기는 것을 의미합니다. 요즘 어떤 사람들이 말하는 '진리'는 너무 강압적으로 들립니다. 너무 공격적이어서 듣는 쪽에서는 자연스럽게 방어적인 태도를 취하게 되지요. 저는 그와는 다른 진리를 추구합니다. 그리스도교인으로서 말하자면, 약함 가운데 오히려 큰 힘을 발휘하는 그러한 진리 말이지요.

**자신의 권위를 내려놓을 때 드러나는 진리라고도 할 수 있을까요?**

맞습니다. 제가 지역 교회 전임 사목자일 때는 그런 게 불가능해 보였습니다. 제 직책 자체에 권위가 붙어 있었기 때문이지요. 성직자 옷부터 벽에 걸린 학위증까지, 모든 게 제가 신앙에 대해 확신 있게 말할 수 있는 권위를 주었습니다. 학교의 교수로 활동할 때도 또 다른 권위가 있어요. 학생들의 성적을 매기니 말이지요. 하지만 글을 쓸 때는 그런 게 전혀 작용하지 않습니다. 독자에게 와닿느냐 닿지 않느냐, 그뿐이지요.

출판사들은 작가들을 최대한 인상적으로 보이게 하려 노력합니다. 그래서 책 표지를 만들 때 제 이름 앞에 '박사'나 '신부' 같은 말을 붙이곤 하는데, 그럴 때마다 저는 움찔합니다. 그래서 책의 도입부에는 가능하면 그런 권위들을 내려놓으려 노력하지요. 신기하게도, 그렇게 진실하게 말을 건네면, 독자들은 저에게 저의 바람 그 이상의 신뢰를 줍니다. 저는 그런 방식으로 독자들과 관계 맺는 게 좋습니다. 우리가 무언가를 함께 찾아 가는 것 같거든요. 제가 일방으로 무언가를 전달하는 게 아니라요.

이제는 공식적인 권위보다는 관계를, 사람과 사람 사이의 관계, 사람과 다른 생명체들과의 관계, 사람과 영적 세계와의 관계를 믿습니다. 이런 관계들은 늘 신비롭고 계속 변하기 때문에 교만에 빠질 수 없어요. 그리고 제가 아는 한, 그리고 성서에 따르면 이런 관계들이 하느님을 만나는 가장 확실한 곳입니다. 여전히 저는 어떤 진리와 진실에 관해 말할 때는 주로 성서 이야기를 통해 전하려고 합니다. 그리고 학생들에게 "이건 제 해석이고, 여러분도 각자의 해석에 책임이 있어요"라고 말하지요. 정직하게 말씀드리면, 제가 평생 경험한 하느님은 저에게 다른 선택지를 주지 않으셨어요. 제가 무언가를 알았다고 생각할 때마다, 한층 더 깊은 차원이 열리고 그때마다 저는 다시 방향을 잡아야 했습니다. 어쩌면, 하느님께서는 그런 방식으로 교만을 막으시는 것 같습니다.

**당신이 쓴 『설교하는 삶』**The Preaching Life**의 한 구절이 생각납니다. "환멸**disillusionment**은 환상(우리 자신에 대한 환상, 세상에 대한 환상, 하느님에 대한 환상)이 사라질 때 일어난다. 환상이 사라지는 건 언제나 아픔을 동반한다. 하지만 우리가 진실이라고 착각했던 거짓을 버리는 건 나쁜 일이 아니다."** 오늘날 우리가

**시민으로서, 또 신앙인으로서 버려야 할 환상이 있다면 무엇
일까요?**

미국 문화에 한해 말씀드리자면, 가장 해로운 환상은 우리
가 세상을 이끌어 갈 '선한 사람'이고 하느님이 우리를 특별
히 선택해서 다른 모든 사람에게 삶과 자유, 행복이 뭔지 가
르치라고 보냈다는 생각이라고 할 수 있을 것 같습니다. 많
은 그리스도교인이 이를 '하느님께서 우리에게 모든 사람을
그리스도교인으로 만들라는 사명을 주셨다'고 해석하지요.
비슷한 생각이 인종 문제나 정치, 경제 문제에서도 나타나는
것 같습니다. 결국 같은 환상, '하느님께서 우리를 특별히 더
사랑하신다', '우리는 옳고 다른 사람들은 틀리다', '모든 사람
이 우리처럼 되면 세상이 더 좋아질 것이다'라는 환상에 바
탕을 두고 있지요. 그런 모습을 볼 때마다 저는 월터 브루그
만Walter Brueggemann이 한 말을 떠올리곤 합니다. "여러분이 그
토록 공들여 준비해 온 세상이 무너지고 있습니다. 하느님의
은총은 바로 그렇게 작동합니다."

**앞서 언급한 라디오 프로그램처럼, 당신의 책에도 유머가 있
는 경우가 많습니다. 이건 의도한 건가요? 유머를 신학적이나**

**수사학적 기능을 가진 도구로 생각하는 편인가요? 아니면 그냥 자연스럽게 나오는 대로 두는 건가요?**

지난 세기 최고의 설교자였던 프레드 크래독Fred Craddock[*] 교수님은 저에게 청중과 깊은 이야기를 나누기 전에 먼저 함께 웃는 것이 얼마나 중요한지를 가르쳐 주셨습니다. 그분은 어디서 강연을 하든 자신의 키(그분은 키가 매우 작았습니다)를 가지고 농담을 던지시곤 했습니다. 다들 웃고 나면, 그때부터 청중의 마음을 파고 들어가셨지요. 그렇게 파고들어 오더라도 청중은 무장 해제 상태이기 때문에 거부할 수가 없습니다. 그렇게 진지한 이야기를 던지는 사람은 조금 전까지 자신을 진심으로 웃게 만든 바로 그 사람이니 말이지요.

가끔 저는 유머를 방어 수단으로 쓸 때도 있습니다. 어린 시절 매년 전학생이었을 때 그렇게 버티는 법을 익혔거든요.

---

[*] 프레드 크래독(1928~2015)은 미국의 개신교 목사이자 설교학자다. 존슨 바이블 신학교, 필립스 대학교를 거쳐 밴더빌트 대학교에서 신학 박사 학위를 받았으며 오랜 기간 에모리 대학교 신학대학원의 설교학, 신약학 교수로 재직했다. 이른바 그가 제안하고, 또 실천한 서사 중심의 설교, 대화 중심의 설교 등은 후속 세대 설교자들에게 큰 영향을 미쳤으며 뉴스위크에서는 그를 미국의 가장 위대한 설교자로 평가했다. 주요 저서로 『설교』Preaching(컨콜디아사), 『권위 없는 자처럼』As One Without Authority(예배와설교아카데미), 현대성서주석 중 『누가복음』(한국장로교출판사), 『빌립보서』(한국장로교출판사) 등이 있다.

하지만 더 많은 경우에는 청중과 친구가 되기 위해 유머를 사용합니다. 함께 웃다 보면 서로 마음의 벽이 조금씩 허물어지거든요. 그리고 나면 서로의 이야기를 더 잘 들을 수 있게 되기도 하고요. 얼마 전 제 강연을 들은 분이 이런 말씀을 하셨습니다. "신부님이 우리를 웃게 하실 때마다 긴장하게 됩니다. 그 뒤로는 뭔가 마음을 파고드는 이야기가 나올 거란 걸 알거든요." 그 말을 듣고 조금은 기뻤어요.

**언젠가 당신은 영적인 글을 쓰는 사람들은 종종 영혼을 설명할 때 몸을 배제한 영지주의 어휘를 사용하는 경향이 있다고 지적한 적이 있습니다. 몸을 배제하지 않는 글쓰기란 당신에게 어떤 의미가 있나요? 그리고 영적인 글쓰기가 살과 피를 간과하면 무엇을 놓치게 되나요?**

그런 경향은 우리가 받은 유산 중 하나겠지요. 신약성서에서도 영과 육을 대비하는 표현이 많고, 몸과 죄를 연결하는 경우가 많으니 말입니다. 바울이 독신을 선호했던 것부터 청교도가 육체의 즐거움을 경계했던 것까지, 오랜 기간 그리스도교, 특히 개신교는 오랫동안 몸을 경계해 왔습니다. 물론 이런 전통에 속한 영적인 작가들도 긍정적인 부분이 있습니다. 하지만 깊은 교감의 기회도 놓치게 되지요. 몸을 배제하지 않는 글쓰기를 중시하는 건, 독자들이 자기 몸과 화해하도록 돕고 싶기 때문입니다. 그러다 보면 자연스럽게 다른 사람의 몸(특히 자기와 다른 생긴 사람들의 몸)도 받아들일 수 있게 된다고 저는 생각합니다.

또 하나 중요한 건, 우리가 '신체적인 것'과 '성적인 것'을 구분할 줄 알아야 한다는 겁니다. 가끔 둘은 같이 가지만, 언제나 그런 건 아니거든요. 제가 튀르키예 여행 중에 겪은 일을 말씀드릴게요. 마사지를 받으러 목욕탕에 갔는데, 당연히 개인실이 있을 줄 알았어요. 그런데 직원이 갑자기 제 옷을 가져가더니 예쁜 타일로 꾸며진 큰 방 벽에 기대어 앉으라는 거예요. 방에는 다른 나체의 여성들이 있었지요. 한가운데 있는 마사지 테이블에서 제 차례를 기다리는 동안, 저는 제 몸과 다른 이들의 몸을 보는 것에 대해 왜 그토록 불편하거나 어색해하는 건지 생각을 해보았습니다. 어떤 성적 신호도, 성적 행동도 없었는데 말이지요.

그리스도교의 오래된 전통인 세족식은 어떨까요? 얼마 전에 한 예식에 참석한 적이 있습니다. 거기서는 신자들의 발을 씻는 것과 손에 기름을 바르는 것 중 하나를 택하도록 선택지를 만들어 두었더군요. 일부 신자들이 자기 발을 보여 주는 걸 꺼렸기 때문입니다. 왜 그런 걸까요? 과거 성적 학대로 인한 트라우마 때문이라면 이해가 가요. 하지만 단순히 발을 보여 주기 싫어서라면, 그리스도교가 몸을 대하는 방식에 무슨 문제가 생긴 게 아닐까 생각을 해보았습니다. 요한복음서만 있었다면 그리스도교의 성사는 세례와 세족식 둘만 있었을 겁니다. 개신교에서는 세례와 성찬만을 성사로 인정하지만, 중요한 건 둘이든 (로마 가톨릭 교회처럼) 일곱이든 결국 다 몸으로 행하는 의례라는 것입니다. 살과 피가 없다면 이런 의례들은 아무런 의미가 없겠지요.

**종교학 교수로 부임한 뒤 성공회 교회 사제로 활동할 때와 다르게 새롭게 배운 것이 있다면 무엇이 있나요?**

안 그래도 이 주제로 책을 한 권 쓰고 있습니다. 간단히 말씀드리면, 제가 사제였을 때 같이 지낸 사람들은 저와 대체로 생각이 비슷했습니다. 좀 다르다 싶은 사람들도 신앙생활의 기본적인 부분들은 저와 같았지요. 다들 니케아 신경과 주기도문을 외울 수 있었고, 성서를 읽었고, 제가 주임 신부로 있던 교회의 경우에는 여성 사제도 인정하고 소수자들도 환영했고요. 어떤 식으로든 교회에 있을 때 저는 '우리'라는 말을 자신 있게 쓸 수 있었습니다. 그런데 교수가 되면서 모든 게 달라졌습니다. 수업에는 정말 다양한 학생이 참여했기 때문이지요. 안식교, 여호와의 증인, 복음주의자, 침례교인들은 물론 힌두교, 이슬람교, 모르몬교도 있었습니다. 어떤 학생은 대형 교회를 다니는 반면, 어떤 학생은 아예 교회를 다니지 않았지요. 종교에 바탕을 둔 가치관도 영적 관심사도 제각각이었습니다. 첫 학기 첫 수업을 하며 저는 깨달았습니다. 제가 교회에서 쓰던 '우리'라는 말이 더는 통하지 않는다는 걸 말이지요. 그리스도교가 말하는 '포용'이 무엇인지 처음부터 다시 생각해야 했습니다. 쉽진 않았지만, 이 경험 덕분에 저는 '그리스도교 인문주의자'가 되었습니다. 다시 말해, 만나는 이들을 하나의 인간으로 대하는 데 더 관심을 갖게 된 것이지요. 그리고 저는 이런 변화에 정말 감사함을 느낍니다.

**학생들에게 종교적 신념과 경험의 본질에 대해 어떤 이야기를 전하고 싶나요?**

시간이 흐르면서 학생들도 변했고 세상도 변했습니다. 그래서 제가 가르치고 싶은 것도 달라졌지요. 처음에는 그리스도교인 학생들이 눈에 들어왔고 그 친구들에게 다른 종교를 공부한다고 신앙이 무너지지는 않는다고 안심시켜 주고 싶었어요. 또 '하느님에 관한 답을 찾기보다는 더 좋은 질문을 하는 법을 익히는 게 더 중요하다'는 걸 알려 주고 싶었습니다. 하지만 앞에서 언급했듯이 지금은 상황이 많이 달라졌습니다. 다른 종교를 가진 학생들, 아예 종교가 없다는 학생들도 부쩍 늘어났습니다. 그러면서 제 목표도 바뀌었습니다. 특정 종교가 아니라 종교 자체의 가치를 이야기해야 했지요. 종교에 관심이 없을 때 우리가 무엇을 놓치게 되는지를 알려 주고 싶었습니다.

현장 학습의 중요성도 커졌다는 사실도 알려 드려야겠네요. 학생들은 직접 보고 경험하면서 종교가 어떤 의미가 있는지, 그리스도교인 학생의 경우에는 다른 교파, 다른 종교에 대한 자신의 편견이 무엇인지를, 같은 종교라 하더라도 그 가르침을 실천하는 방식이 얼마나 다양한지를 알게 되지요. 언젠가, 학생들과 애틀랜타에 있는 그리스 정교회 성당을 방문한 적이 있는데 개신교 학생들은 그곳도 그리스도교 교회라는 걸 믿기 힘들어했습니다. 그런 경험을 통해 학생들은 종교라는 게 단순히 믿음의 문제가 아니라 문화, 역사, 지리, 정치와 깊이 연결되어 있다는 걸 이해하게 되었지요.

**당신이 쓴 책의 각주나 참고문헌을 보면 수도사, 사막의 은둔
수도사, 랍비, 심리학자, 시인, 소설가까지 다양한 이들의 영
향을 받았음을 알 수 있습니다. 책을 고르는 특별한 기준이 있
는지요? 최근 몇 년 동안 인상 깊게 본 책이 있나요? 그리고
그 이유를 알려 주실 수 있겠습니까?**

책을 고를 때 특별한 기준은 없습니다. 그냥 제 관심 가는
대로 폭넓게 읽으려 하지요. 물론 가끔은 강의 때문에 읽어
야 할 책들이 있습니다. '세계 주요 종교에서의 죽음'이라는
강의를 준비할 때는 관련 책을 잔뜩 사야 했고, '북미의 새로
운 종교 운동' 강의 때도 마찬가지였지요. 지난여름에는 사
도 베드로에 대해 강연하기로 해서 이에 관해 예전보다 훨씬
더 깊이 공부하기도 했습니다.

하지만 제게 가장 중요한 건 언제나 소설입니다. 조지 엘
리엇George Eliot의 『미들마치』Middlemarch부터 『카라마조프가
의 형제들』The Brothers Karamazov까지, 바버라 킹솔버Barbara
Kingsolver*나 아모스 오즈Amos Oz**의 작품들까지, 소설은 제

---

* 바버라 킹솔버(1955~ )는 미국의 작가다. 대학교에서 처음에 피아노를
공부했으나 전공을 생물학으로 바꿨고 생태학과 진화생물학으로 석
사 학위를 받았다. 이후 과학 작가로서 경력을 시작해 1988년부터 소
설가로 활동했고, 『포이즌우드 바이블』Poisonwood Bible, 『내 이름은 데몬

삶을 확장시켜 줍니다. 다른 사람들이 세상을 어떻게 보는지, 어떻게 살아가는지, 무엇을 사랑하는지, 어떻게 성공하고 실패하는지를 가르쳐주지요. 신학자로서 소설을 읽을 때는 그 안에서 신학을 발견하기도 합니다. 운명과 선택의 문제를 다루는 소설들은 정말 흥미롭지요. 우리 삶에서 어떤 일들은 중력처럼 피할 수 없고, 어떤 일들은 우리가 선택한 결과입니다. 왜 어떤 사람들은 자신을 망치는 선택을 하고, 또 어떤 사람들은 주변 모든 사람을 살리는 선택을 할까요? 신학자들은 이런 질문들에 체계적인 답을 찾으려 하지요. 하지만 소설가들은 더 지혜롭습니다. 그들은 매번 다른 답을

---

코퍼헤드』로 퓰리처상을 받았다. 현대 미국을 대표하는 생태주의 소설가로 평가받는다. 한국에는 『포이즌우드 바이블』(RHK), 『내 이름은 데몬 코퍼헤드』Demon Copperhead(은행나무), 『자연과 함께한 1년』(한겨레출판) 등이 소개된 바 있다.

** 아모스 오즈(1939~2018)는 이스라엘의 작가다. 예루살렘에서 태어나 히브리 대학교에서 히브리 문학과 철학을 공부하고, 옥스퍼드 대학교에서 문학을 공부했다. 1967년 참가한 6일 전쟁과 시나이 전투에서 전쟁의 참혹함을 목격한 뒤 이를 바탕으로 『나의 미카엘』을 발표했고 이를 계기로 현대 히브리 문학을 대표하는 작가로 인정받았다. 이스라엘 브엘세바의 벤구리온 대학교에서 히브리 문학 교수로 재직했고 레지옹 도뇌르 훈장, 이스라엘 문학상, 괴테 상, 프리모 레비 상, 프란츠 카프카 상, 박경리 문학상 등을 수상했다. 주요 작품으로 『나의 미카엘』(민음사), 『블랙박스』(민음사), 『사랑과 어둠의 이야기』(문학동네), 『유다』(현대문학) 등이 있다.

제시하는데, 그 답들이 모두 진실하게 들려요.

**'영적인 글쓰기'**spiritual writing**가 여전히 논란이 있거나 경계가**
**모호한 장르라는 걸 인정하면서, 현재 출간되는 영적인 글들**
**에 대해서는 어떻게 생각하시나요?**

'영적인 글쓰기'는 모호한 말입니다. 그럼 반대말은 뭘까
요, '물질적인 글쓰기'인가요? 앞서 말씀드렸듯 제 책장에는
'영적인 글'이 그리 많지 않아요. 그래도 베스트셀러 목록에
오래 남는 책들은 종종 살펴보는데, 그런 책들은 대부분 자
기 계발이나 성공을 다루고 있더라고요. 이해는 가지만, 좀
걱정되는 부분입니다. 젊은 영적 작가들이나 나이 드신 성직
자들이 보내 주시는 원고들도 읽어 보는데, 대부분 전통적인
그리스도교 선포 방식에서 크게 벗어나지 않는 것 같습니다.
그래도 케이트 보울러Kate Bowler의 『모든 일에는 이유가 있
어 그리고 내가 사랑한 거짓말들』Everything Happens for a Reason
and Other Lies I've Loved*이라는 책을 읽을 때는 크게 감동했습니
다. 마리 하우Marie Howe의 『막달라』Magdalene나 크리스찬 와이

* 한국에는 『모든 일에는 이유가 있어 그리고 내가 사랑한 거짓말들』(포
이에마)로 소개되었다.

만Christian Wiman의 『망치는 기도다』Hammer Is the Prayer 같은 시집들도 정말 좋았고요. 이런 질문에는 답하기가 좀 조심스러운 게 사실입니다. 제가 그리스도교 작가다 보니 다른 그리스도교 작가들의 책을 부러 멀리하는 경향도 있기 때문이지요. 오랫동안 그들의 글을 주로 읽기도 했고, 그들의 영향을 받는 대신 제 이야기를 하고 싶은 마음이 있습니다. 대신 요즘에는 다른 종교 전통에 있는 작가들의 이야기에 끌리곤 합니다. 페마 초드론Pema Chodron** 이나 조너선 색스Jonathan Sacks*** 같은 작가 말이지요. 최근에는 융 학파 심리학자 마이

---

** 페마 초드론(1933~ )은 미국 태생의 티베트 불교 여성 승려다. UCLA에서 영문학과 초등교육학을 공부했고 이후 티베트 불교의 큰 스승인 초감 트룽파의 메시지를 접한 뒤 출가했으며 금강승 수행을 완성한 최초의 미국인으로 주목받았다. 현재 서구인들을 위해 최초로 설립된 티베트 불교 사원인 감포 사원Gampo Abbey의 원장으로 재직 중이다. 주요 저서로 『지금 있는 곳에서 시작하라』Start Where You Are(한문화), 『모든 것이 산산이 무너질 때』When Things Fall Apart(한문화), 『죽음은 내 인생 최고의 작품』How We Live Is How We Die(불광출판사) 등이 있다.

*** 조너선 색스(1948~2020)는 영국 유대교 랍비로 철학자, 신학자, 작가이기도 하다. 런던에서 폴란드 이민자의 아들로 태어나 옥스퍼드 뉴칼리지와 런던 킹스칼리지에서 공부하여 1981년 박사 학위를 취득했으며, 유대인 대학교와 예쉬바 에츠 카임에서 랍비 서품을 받았다. 1995년 예루살렘 상, 2004년 그라베마이어 상을 받았으며, 2005년에는 영국 왕실로부터 기사 작위를 받았다. 한국에는 『랍비가 풀어내는 창세기』, 『하나님 이름으로 혐오하지 말라』, 『매주 오경 읽기 영성 강론』(이상 한국기독교연구소), 『사회의 재창조』, 『차이의 존중』(이상 말글빛냄) 등이 소개된 바 있다.

클 겔러트Michael Gellert가 쓴 『신성한 마음』The Divine Mind을 읽었는데 흥미로운 책이었습니다. 하지만 제 책상에 쌓인 책들 대부분은 '영적인 책'이라고 하기는 어렵습니다. 저는 그저 인간이란 존재가 궁금할 뿐이고, 영적인 부분만 따로 떼어내서 보는 게 과연 가능할까 하는 생각이 들어요.

**앞서 학생들에게 더 나은 질문을 하도록 독려하셨다고 말씀하셨는데요. 어떤 종류의 질문들이 계속해서 의미 있는 방식으로 당신을 불편하게 만드나요?**

미들버리 대학 총장으로 재직 중인 로리 패튼Laurie Patton이 언젠가 이런 질문을 던진 적이 있습니다. "당신이 절대 답을 알 수 없지만, 그래도 계속 물어보게 되는 질문은 무엇인가요?" 정말 좋은 질문이지요? 이를테면 '우리가 느끼는 하느님, 이게 정말 그분이 계셔서일까? 아니면 그저 내 뇌의 작용일 뿐일까, 아니면 내가 그리스도교 교육을 받아서일까, 아니면 내가 그러길 바라서일까?'라는 질문을 던진다고 해보지요. 사실 답은 별로 중요하지 않습니다. 이런 질문들은 종종 일어나고, 사라지지도 않으니까요. 중요한 건 확신이 아닌 신앙의 자리에 머무는 겁니다. 신앙은 우리가 불확실한 것들과 함께 살아가는 법을 가르쳐주거든요. 이런 거대한 질문 말고도, 저를 계속 고민하게 만드는 질문들이 있습니다. '내가 뉴질랜드 마오리족으로 태어났다면, 혹은 사우디 왕족으로 태어났다면 어떤 사람이 되었을까? 내가 세상을 보는 방식, 내가 알고 있는 모든 것이 그저 우연히 이렇게 태어난 덕분은 아닐까?' '그리스도교가 내 정체성의 일부라면, 그리스도교의 좋은 점(하느님과 이웃에 대한 사랑, 자기희생, 겸손, 하느님과의 하나됨)과 나쁜 점(제국주의, 전쟁, 남성중심주의, 반유대주의)을 어떻게 받아들여야 할까? 좋은 것만 골라 받아들일 수 있을까? 아니면 그리스도교인이 된다는 건 이 모든 것을 함께 받아들이는 걸까? 지금 이 시대의 그리스도교인으로서, 과거에 예수의 이름으로 악행을 저지른 이들을 위해 내가 참회해야 하는 걸까?' 이런 질문들 때문에 밤에 잠을 못 이룰 때가 많습니다. 편하게 잠들고는 싶지만, 한편으로는 이런 질문들이 있어서 기쁩니다. 이 질문들이 저를 계속 깨어 있게 해주니 말이지요.

**예술과 신앙의 관계에 대해서는 어떻게 생각하나요? 영적 탐구에서 창의성이나 상상력의 역할은 무엇이라고 보나요?**

저의 경우에는, 1970년대 그리스도교 신앙을 받아들였을 때, 교회의 가르침만큼이나 당시의 예술에서도 큰 영향을 받았습니다. '브레드 앤 퍼펫 극단'Bread and Puppet*의 작품이라든가, 《지저스 크라이스트 수퍼스타》Jesus Christ Superstar, 밥 딜런Bob Dylan과 밴 모리슨Van Morrison의 음악 같은 것들이요. 나중에는 프레드릭 비크너Frederick Buechner**와 애니 딜라드Annie Dillard*** 같은 작가들, 개리슨 케일러Garrison Keillor****와 웬델

---

\* 브레드 앤 퍼펫 극단은 미국에서 가장 오래된 비영리 정치 인형극단으로 처음에는 뉴욕에서 정치적으로 급진적인 인형극을 상연했으며, 예술을 모두가 향유해야 한다는 '저렴한 예술'cheap art의 기조 아래 기부금을 받아 대부분 무료로 상연했다. 현재는 미국의 버몬트주 글로버에서 주로 활동하고 있다.

\*\* 프레드릭 비크너(1926~2022)는 미국의 장로교 목사이자, 신학자, 작가다. 프린스턴 대학교에서 영문학을 공부했고, 유니온 신학교에서 신학을 공부한 뒤 장로교 목사 안수를 받았다. 이후 사립학교 교목으로 9년간 일하다가 전업 작가로 글을 쓰기 위해 버몬트주 한적한 시골 마을로 이사하여 작가 활동을 이어감과 동시에 다양한 곳에서 설교했다. 소설, 회고록, 에세이, 설교집 등 여러 장르를 넘나드는 저서들을 발표했다. 주요 저서로 『어둠 속의 비밀』Secrets in the Dark(포이에마), 『진리를 말하다』Telling The Truth(비아토르), 『주목할 만한 일상』The Remarkable Ordinary(비아토르) 등이 있다.

\*\*\* 애니 딜라드(1945~ )는 미국의 작가다. 홀린스 대학교에서 문학을 공부했으며, 같은 대학교에서 영문학 석사 학위를 받았다. 1971년 폐렴을 앓은 후 보다 버지니아주 팅커 크릭 지역의 자연 속에 살면서 쓴 『팅커 크릭 순례』Pilgrim at Tinker Creek(한국에는 『자연의 지혜』(민음사)로 소개)로 퓰리처상을 받으면서 작가로서의 입지를 굳혔다. 이후 소설가, 시인, 수필가, 문학비평가로 활동하며 다양한 저서를 펴냈다. 2015년

베리Wendell Berry***** 같은 이야기꾼들이 제 신앙의 상상력을 키워 줬지요. 그래서인지 저는 늘 예술과 신앙이 깊이 연결되어 있다고 생각했습니다.

최근에는 예술을 영성의 중요한 표현 방식으로 받아들이는 그리스도교 축제들이 많이 생기고 있어요. 영국의 그린 벨트부터 노스캐롤라이나의 와일드 구스 페스티벌, 플로리다의 글래드닝 라이트, 미네소타의 위즈덤 웨이즈까지요(저도 이런 축제들에서 자주 강연을 합니다). 사람들은 머리가 아니라 몸으로, 감각으로, 때로는 비이성적으로 신성한 것을 경험할

<hr />

에는 국가 인문학 훈장을 받았다. 주요 저서로 『돌에게 말하는 법 가르치기』Teaching a Stone to Talk(민음사), 『메이트리 사람들』The Maytrees(민음사) 등이 있다.

**** 개리슨 케일러(1942~ )는 미국의 작가이자 가수, 성우, 라디오 진행자다. 미네소타 공영 라디오의 프로그램인 '프레리 홈 컴패니언'A Prairie Home Companion의 제작자로 널리 알려져 있으며 수많은 잡지와 신문에 글을 기고하고 어른과 어린이를 위한 책도 펴냈다.

***** 웬델 베리(1934~ )는 미국의 농부이자 시인, 문명비평가다. 켄터키 대학교와 스탠퍼드 대학교에서 문학을 공부했으며 이후 스탠퍼드 대학교와 뉴욕 대학교를 거쳐 켄터키 대학교에서 교편을 잡았다. 44세 때 교수직을 그만두고 15만 평의 농장을 마련해 본격적으로 농사를 짓기 시작한 이래로 40여 년이 지난 지금까지 같은 장소에서 생활하며 40여 권의 시, 소설, 산문을 발표했다. 현대 문명을 날카롭게 비판하고 땅과 사람의 관계를 고찰하는 작가로 널리 알려져 있다. 주요 저서로 『오직 하나뿐』Our Only World(이후), 『삶은 기적이다』Life Is A Miracle(녹색평론사), 『온 삶을 먹다』Bringing It to the Table(낮은산) 등이 있다.

때 더 큰 변화를 겪습니다. 말과 몸짓이 만날 때 특별한 불꽃이 일어나는 것 같아요.

예배도 마찬가지입니다. 예배가 진정으로 의미 있으려면 우리의 모든 것이, 온 마음으로, 소리로, 몸으로, 열정을 바쳐서 참여해야 합니다. 위에서 언급한 축제들도 같은 원리로 작동하지요. 이런 것들은 글을 쓸 때 인간의 모든 면을 끌어내야 한다는 걸 일깨워 줍니다. 비록 춤꾼이나 음악가처럼은 못하겠지만, 저도 글로 사람들의 몸과 마음을 움직일 수 있으니까요.

이런 면에서 예수는 상상력을 바꾸는 분이었다고도 할 수 있습니다. 낯선 사람을 이웃으로, 아이를 스승으로, 원수를 거울로, 하느님을 사랑의 아버지로 상상하게 하셨지요. 나병 환자, 여성, 로마 군인까지도 신앙의 본으로 보게 하셨고요. 심지어 하인이 식탁에서 가장 중요한 사람이고, 꼴찌가 가장 좋은 자리라고 하셨잖아요. 그분에 대한 모든 이야기는 세상을 보는 방식을 바꾸도록 요청하고 있습니다. 예술도 그런 일을 할 수 있습니다. 기존의 정신을 깨뜨리고, 용기를 북돋우고, 편견을 없애고, 새로운 시각을 줄 수 있으니 말이지요. 때로는 설교보다도 더 큰 효과를 냅니다. 예술 작품들은 어떤 조건 없이 자신을 내어주니까요. 최선을 다해 자신을 보

여 주고, 그걸 어떻게 받아들일지는 이를 향유하는 이들에게
맡기지요. 이건 인간의 상상력을 깊이 신뢰할 때만 나올 수
있는 겁니다. 물론 이런 자유로움에 일부 그리스도교인들은
불안을 느끼지만 말이지요.

성서는 유쾌하다거나 처음부터 쉽게 이해되는 책이 아니라,
여러 면에서 매우 낯설고 우리 생각과 완전히 반대입니다.
하지만 바로 이 책이 하느님께서 우리와 만나주겠다고 정하
신 장소입니다. — 디트리히 본회퍼

성서에 대한 본회퍼의 말은 그리스도교 신앙을 구성하는
언어들에도 그대로 적용할 수 있다. 그리스도교 신앙의 언어
혹은 신학적 언어들은 마냥 유쾌하거나 쉽지 않으며 오히려
여러 면에서 낯설다. 더 나아가서는, 우리의 생각과 통념을
거스르기도 한다. 하지만, 그리스도교는 이 언어들을 사용하
여 2,000년이 넘는 시간 동안 진리를 전해왔다. 진리를, 진리
를 담은 언어를 마주하는 것은 어렵고 불편한 일이다. 그래
서 우리는 종종 이 언어들로부터 도망치고 싶어 한다. 피하
거나 폐기하고, 다른 언어로 대체해 버리려는 시도를 하기도
한다. 때로는 그 언어의 의도를 '부러' 왜곡하는 방식으로, 이

를테면 죄와 구원의 언어를 자신을 비추는 거울로 삼기보다는 타인을 판단하는 잣대로 삼는 방식으로 이 언어들에서 도망치기도 한다. 『잃어버린 언어를 찾아서』는 바로 이곳, 우리가 그리스도교 신앙의 언어를 피해 달아난 곳에 관한 이야기에서 시작된다.

성서에 따르면 인간의 첫 번째 비극은 낙원을 잃어버린 것이었다. 우리 의식보다 깊은 곳에 이 상실의 기억이 새겨져 있다고 성서는 말한다. 실제로 비극의 근원에는 언제나 무언가 소중한 것을 잃어버리는 경험이 있다. 『잃어버린 언어를 찾아서』는 우리에게 실로 소중한 것, 진실로 중요한 것, 그리스도교의 언어와 그 언어가 가리키는 실재를 잃고 있다는 슬픔, 그 언어와 실재를 회복하고 싶다는 소망에서 출발한다. 바바라 브라운 테일러가 말하는 '잃어버린 언어'는 그리스도교 신앙의 중심에 있는 죄, 참회, 구원과 같은 단어들이다. 그녀는 이 작은 책에서 우리가 어떻게 해서 그리스도교의 언어를 잃어버리게 되었는지를 진단하고 그 언어가 지닌 심원한 의미를 되살리려 한다.

그녀는 다원주의, 포스트모더니즘, 세속화의 흐름이 우리 생활 전반뿐 아니라 교회 내에서도 죄와 구원의 언어를 사용하지 않게 만드는 데 기여했다고 설명한다. 세속 사회는 물론 교회조차 죄를 정신적인 질병이나 범법 행위로 대체해 버렸다. 그러나 우리를 정죄하는 낡은 언어를 버리고 은총으로 내달리려던 우리의 시도는 아이러니하게도 은총의 언어역시 약화시켰다. 도처에, 또 우리 안에 실제로 절망, 소외, 단절, 고통이 있는데, 그러니까 죄가 있는데 이런 현실을 피한 채로 새로운 삶을 꿈꿀 수는 없는 일이기 때문이다. 죄의심연을 알지 못하면 은총이라는 말 또한 그 깊이를 잃기 마련이다.

바바라 브라운 테일러는 저 말들, 우리가 다른 용어로 대체해 보려고 노력하는 그리스도교의 언어들이 실은 얼마나대체 불가능하며 그 언어를 잃어버리는 일이 우리에게 얼마나 치명적인지를 특유의 유려한 문체로 부드럽게 다독이듯이야기한다. 그녀는 이 언어를 버리고 도망치려는 사람들을야단치거나 강제로 끌어 앉히지 않는다. 오히려 그녀는 그리스도교의 언어가, '죄'라는 단어를 마주하는 일이, 때로 얼마나 가혹하게 느껴지는지를 잘 알고 있다고 말문을 연다. 그언어에 상처받았던 어머니와 자신의 경험, 또 사랑하는 학생들의 경험을 그녀는 잊지 않는다. 그 모든 기억을 안고, 죄와구원의 언어에서 멀어져 있지만 실은 그 언어를 필요로 하는이들을 향해 그녀는 조심스럽게 이야기한다. 그 모든 것에도 불구하고, 아니 실은 그 상처가 가리키는 진실 때문에라도, 우리는 그 언어들을 버려서는 안 된다고. 그리스도교의 언어만큼 우리 인생의 심연을, 가장 깊은 차원에서의 절망과 희망을 담고 있는 말은 없노라고. 우리는 모두 실은 구원을 갈망하며, 우리의 죄를 직면할 때에만 우리에게는 희망이 있다고. 희망을 담아 죄를 마주한 뒤 자신을 돌이키는 참회만이 진정한 생명으로 향하는 길을 열어 준다고.

명백히 불편한 주제를 다루고 있지만(어느 누구도 직면하기를 원하지 않는, 우리 모두의 '죄'에 대한 이야기로 책을 열고 있으니 말이다), 바바라 브라운 테일러가 이 주제를 다루는 방식은 매끄럽고 부드럽다. 긍정적인 의미에서든, 부정적인 의미에서든 그녀는 독자 친화적인 문필가다. 특유의 부드러움과 아름다운 문체, 또 그녀가 예로 들고 있는 일상적인 경험과 비유들은 낡은, 버려진, 먼 곳에 있던 그리스도교의 언어를 우리 일상 가까이 끌어당긴다.

지은이가 밝히고 있듯, 이 작은 에세이는 저 크고 심원한 그리스도교의 언어들이 무엇인지에 관한 해답이기보다 그리스도교의 언어의 가치를 다시 묻는 하나의 시도, 물음의 여정이라고 할 수 있다. 그리고 이 질문은 21세기 북미권이라는 상황에서 출발했지만 21세기 한국을 살아가는 우리에게도 유효하다. 그녀가 던진 질문은 근본적으로, '죄', '구원', '참회'라는 말이 우리 안에, 이 세계 속에 살아서 움직이고 있는지에 관한 물음, 나 자신, 나와 함께하는 이웃, 나를 둘러싼 세계, 궁극적으로는 나와 하느님의 화해에 관한 물음이기 때문이다. 그러므로 우리가 죄와 구원의 언어를 교회에서, 혹은 일상에서 자주 사용하든, 그렇지 않든 이 언어를 '왜', '무엇을 위해', '어떻게' 사용해야 하냐는 물음은 언제나 남아 있어야 한다. 이 물음을 멈추는 순간, 구원의 언어는 우리에게 다가오는 빛을 비추는 거울, 빛으로 인도하는 통로가 아닌 우리 자신을 옭아매는 사슬의 언어로, 우리 자신과 타인, 세계, 하느님과 화해로 인도하는 길이 아닌 폐쇄 회로로만 기능할 것이다(이와 같은 차원에서 우리는 바바라 브라운 테일러가 이 책에서 택한 방식에도 '다시금' 질문을 던져야 한다. 그녀의 편안하고 유려한 언어가 죄와 구원의 언어가 지닌 긴장과 입체성을 "평평하게" 만들고 있지는 않은지).

그리스도교 신앙의 언어를 습관처럼 사용한다는 것은, 실은 우리가 심각한 상황에 놓여 있음을 보여 주는 징후일 수도 있다. 그리스도교 신앙의 언어는 그 언어의 성격상, '그저' 습관이 될 수 없기 때문이다. 이 언어를 피해 다른 언어에 머물고 있든, 또 그 진정한 의미를 모른 채 저 언어들을 습관적으로 쓰든, 우리는 그 진정한 의미를, 저 언어들이 우리 안에서, 그리고 우리를 둘러싼 세계에서 살아 움직이고 있는지를, 그저 텅 빈 소리로 울리고 있지 않은지를 돌이켜 보아야 한다. 행여나 우리의 언어가 사람들을 교회 밖으로 내몰고 있지는 않은지를. 우리의 언어가 우리 자신과 우리의 이웃에게 생명을 가져다주고 있는지를. '죄', '참회', '구원'이라는 말을 진부하게 만들고 있는지 않은지를. 심원한 깊이를 지닌 언어가 지닌 힘을 애써 빼내어 텅 빈 언어로 만들고 있는지는 않은지를.

이 책이 그리스도교의 언어로부터 멀어졌거나, 또 그 언어들의 진정한 의미를 몰라 헤매는 마음에게, 그를 향한 물음의 여정에 있는 누군가에게, 함께 이야기를 나눌 친구가 되어 줄 수 있기를 바란다.

정다운

- **The Preaching Life** (Boston: Cowley Publications, 1993) 『설교와 함께 살아가라』(대서)

- **Gospel Medicine** (Boston: Cowley Publications, 1995)

- **Bread of Angels** (Boston: Cowley Publications, 1997)

- **Home By Another Way** (Boston: Cowley Publications, 1997)

- **When God is Silent** (Boston: Cowley Publications, 1998)

- **Mixed Blessings** (Boston: Cowley Publications, 1998)

- **God in Pain: Teaching Sermons on Suffering** (Nashville: Abingdon Press, 1998)

- **The Luminous Web: Essays on Science and Religion** (Boston: Cowley Publications, 2000)

- **Speaking of Sin: The Lost Language of Salvation** (Boston: Cowley Publications, 2001) 『잃어버린 언어를 찾아서』(비아)

- **The Seeds of Heaven: Sermons on the Gospel of Matthew** (Louisville: Westminster John Knox Press, 2004)

- **An Altar in the World: A Geography of Faith** (New York: HarperOne, 2010) 『세상의 모든 기도』(함께읽는책)

- **Leaving Church: A Memoir of Faith** (New York: HarperOne, 2012)

- **Learning to Walk in the Dark** (New York: HarperOne, 2015) 『어둠 속을 걷는 법』(포이에마)

- **Holy Envy: Finding God in the Faith of Others** (New York: HarperOne, 2020)

- **Always A Guest: Speaking of Faith Far From Home** (Louisville: Westminster John Knox Press, 2020)

# 잃어버린 언어를 찾아서
- 죄 · 참회 · 구원에 관하여

초판 1쇄 │ 2025년 1월 17일

지은이 │ 바바라 브라운 테일러
옮긴이 │ 정다운

발행처 │ ㈜룩스문디
발행인 │ 이민애
편　집 │ 민경찬
검　토 │ 손승우
제　작 │ 김진식 · 김진현
디자인 │ 민경찬 · 손승우

출판등록 │ 2024년 9월 3일 제301-2024-000093호
주　소 │ 서울특별시 중구 세종대로19길 16 1층 001호
주문전화 │ 010-3320-2468
이메일 │ luxmundi0901@gmail.com(주문 관련)
　　　　　viapublisher@gmail.com(편집 관련)

ISBN │ 979-11-989272-2-4 (03230)
한국어판 저작권 ⓒ 2024 룩스문디